Markus Büning

Alles dem Herzen Jesu
Leben und Frömmigkeit der seligen Maria Droste zu Vischering

Mit einem Vorwort von S. E. Erzbischof Wolfgang Haas,
Erzbischof von Vaduz

CHRISTIANA

© CHRISTIANA-VERLAG
im Fe-Medienverlag, Hauptstr. 22,
D-88353 Kisslegg-Immenried

2. Auflage 2016

Gestaltung: Renate Geisler
Bilder: Dr. Markus Büning
Druck: cpi-books
ISBN: 978-3-7171-1236-5
Printed in EU

Markus Büning

Alles dem Herzen Jesu

Leben und Frömmigkeit der seligen Maria Droste zu Vischering

Mit einem Vorwort von S. E. Erzbischof Wolfgang Haas,
Erzbischof von Vaduz

Für Susanne

Inhaltsverzeichnis

MARIA DUCE OBVIAM CHRISTO

Vorwort

Um es ohne Umschweife und nicht ohne eigene Beschämung zu gestehen: Viel mehr als den Namen der seligen Schwester Maria vom Göttlichen Herzen, Droste zu Vischering (1863–1899) kannte ich bis vor kurzem nicht. Als mich der Autor des vorliegenden Buches „ALLES DEM HERZEN JESU – Leben und Frömmigkeit der seligen Maria Droste zu Vischering" um ein Vorwort bat, habe ich daher etwas gezögert, diesem Wunsch zu entsprechen. Nachdem ich mich aber mit Leben und Sendung der Seligen etwas vertraut gemacht hatte, war es für mich klar: Da darfst du dich nicht weigern, ein Geleitwort zu verfassen. Es soll denn auch wie diese Publikation selbst jeder Leserin und jedem Leser deutlich machen, wie entscheidend wichtig und zugleich heilsam der liebende Blick auf das Göttliche Herz Jesu in unserer Zeit und für unsere Zeit ist – ganz im Gefolge und im Geist jener früh vollendeten, stark- und freimütigen Ordensfrau, der dieses biografische Betrachtungsbuch gilt.

Kein Geringerer als Otto von Habsburg, ein der abendländischen Tradition verpflichteter und zukunftsorientierter Vordenker, hat in Bezug auf die selige Maria Droste zu Vischering und den diese sehr verehrenden früheren Erzbischof von Lemberg, Msgr. Andreas Scheptyzkyj, Metropolit der katholischen Ukrainer, geäußert: „Ihre Gemeinsamkeiten sind, so kann man ohne Übertreibung sagen, nicht von dieser Welt: Sie liegen vielmehr in ihrer tiefen Frömmigkeit, in der Verehrung des Göttlichen Herzens Jesu, in ihrer Ausrichtung auf das Sakrament der heiligen Eucharistie, in ihrer durch nichts zu erschütternden Treue und Liebe zur Kirche. Aus dieser Liebe zu Christus und seiner Kirche heraus haben beide Persönlichkeiten es verstanden, „actio et contemplatio", ein tätiges mit einem geistlichen Leben zu verbinden" (aus dem Vorwort zur Neuauflage des Buches von Louis Chasle „Schwester Maria vom Göttlichen Herzen Droste zu Vischering – Ordensfrau vom Guten Hirten", 29.6.1995). Da zeigt sich eine tiefe Verbundenheit zwischen der katholischen Ost- und Westkirche. Wenn gelegentlich von jenen „zwei Lungenflügeln" die Rede ist, mit denen die wahre Kirche Christi atmet, dann verbindet sich dieses geistliche Atmen zutiefst mit der wahren Frömmigkeit des Göttlichen Herzens Jesu. Bei der Herz-Jesu-Verehrung geht es also keineswegs um eine Nebensache im katholischen Glaubensleben, sondern um eine religiöse Lebensäußerung sowohl zur persönlichen Glaubensentfaltung als auch zur weltweiten Ausbreitung des Glaubens. Es kommt somit nicht von ungefähr, dass Papst Leo XIII. auf die Visionen und den Wunsch der Mystikerin Sr. Maria Droste zu Vischering hin am 11. Juni 1899 die ganze Welt dem Herzen Jesu weihte. Die Selige erlebte jedoch diesen Festtag nicht mehr in ihren irdischen Tagen, da sie kurz zuvor (8. Juni) im Alter von 35 Jahren starb.

Der Autor der vorliegenden tiefsinnigen Schrift zu Leben und Frömmigkeit der seligen Maria Droste zu Vischering verweist in seiner Einleitung auf ein Portraitgemälde dieser bewundernswerten Ordensfrau an der Rückwand im Innern der St. Servatiikirche zu Münster und schreibt dazu: „Auf diese Weise stärkt sie allen Christen den Rücken, die vor dem allerheiligsten Altarssakrament in Anbetung verharren. Das ist ein sehr eindrucksvolles Bild: *Maria Droste* stärkt uns den Rücken beim Gebet." Sie bietet uns also gerade für eine belebende und heilsame Herz-Jesu-Frömmigkeit Rückenstärkung und dazu auch die nötige Rückendeckung. Wer heute in unserer säkularisierten Gesellschaft und teilweise sogar in kirchenfeindlicher Umgebung treu und mutig zu Jesus Christus steht, welcher, wie er selber von sich sagt, der Weg und die Wahrheit und das Leben ist (vgl. Joh 14,6), und wer in der Liebe des Göttlichen Herzens Jesu seine Berufung glaubwürdig zu leben sucht, der braucht Rückenstärkung und Rückendeckung von Seiten jener, die als Fürbitter am Throne Gottes für uns Erdenpilger eintreten.

Die Herz-Jesu-Litanei verhilft uns zu einer tieferen Betrachtung des Geheimnisses der Erlöserliebe unseres Heilandes Jesus Christus. Sie mündet bekanntlich in die Bitte: „Jesus, sanft und demütig von Herzen, bilde unser Herz nach deinem Herzen." Diese Herzensbildung, die uns Jesus Christus beständig anbietet und ermöglicht, erweist ihre verändernde Kraft in unserem alltäglichen Leben. Sie führt uns zu einer innigen Gottes- und Nächstenliebe. Sie nimmt uns vor allem in die Gemeinschaft mit dem Herrn selbst hinein, der im Sakrament der heiligen Eucharistie wahrhaft und wesenhaft mit seinem heiligen Leib und mit seinem kostbaren Blut gegenwärtig ist. Die Betrachtung des Lebens und der Frömmigkeit der seligen Maria Droste zu Vischering, wie sie uns durch diese Publikation geboten wird, will nicht zuletzt dem stets aktuellen Anliegen der ehrfurchtsvollen Anbetung und Verehrung des allerheiligsten Altarssakramentes dienen.

Gerne verbinde ich meinen Wunsch für eine gute Aufnahme und für eine weite Verbreitung dieses Buches von Dr. Markus Büning mit meinem bischöflichen Segen.

Schellenberg/Liechtenstein, 29. April 2014,
am Fest der heiligen Katharina von Siena

✠ Wolfgang Haas
Erzbischof von Vaduz

Einführung

Mitten im Getriebe der Großstadt findet sich in Münster eine kleine romanische Kirche, die dem heiligen Servatius geweiht ist. Diese Kirche ist seit 1933 der ewigen Anbetung gewidmet. Kein geringerer als der selige Clemens August Kardinal Graf von Galen, damals Bischof von Münster, setzte mit diesem Widmungsakt in der schweren Zeit des so genannten „Dritten Reiches" ein deutliches Signal dahingehend, dass uns nur eines hilft im Leben: der permanente Blick auf den eucharistischen Herrn, der die Seinen nie verlässt. Der selige Clemens August schrieb in seinem ersten Hirtenbrief am 28. Oktober 1933 wie folgt: „Es ist mir eine unbeschreiblich große Freude, (...) meine bischöfliche Amtsverwaltung zu beginnen durch die Eröffnung der täglichen Anbetung des Allerheiligsten in der St. Servatiikirche zu Münster (...)."[1] Der Kardinal wies so bereits zu Beginn der Nazidikta-

St. Servatiikirche zu Münster (Westf.)

---

[1] *Bischof Clemens August Graf von Galen*, Akten, Briefe und Predigten 1933–1946, hg. v. *P. Löffler*, Bd. 1, Mainz 1988, S. 37.

tur eindringlich auf den wahren Führer des Volkes hin, auf Christus, den *Anführer unseres Heils* (vgl. Hebr 2,10).

Schräg gegenüber diesem Kleinod liegt die Rückseite des so genannten Erbdrostenhofs, die Münsteraner Stadtwohnung der in Darfeld ansässigen Erbdrostenfamilie Droste zu Vischering. In diesem Haus erblickte am 08. September 1863 die Cousine des zuvor erwähnten Seligen, die selige Maria Droste zu Vischering, das Licht der Welt. Ihr Bekanntheitsgrad ist leider viel geringer als der ihres Vetters. Dies ist völlig zu Unrecht so! Diese Veröffentlichung soll einen kleinen Beitrag dazu leisten, diesem Umstand abzuhelfen. Die selige Maria Droste gehört zu den größten Mystikerinnen der Kirchengeschichte. Sie wurde von Gott so sehr begnadet, dass sie in zahlreichen Visionen die heilige Gegenwart des Herzens Jesu ganz nah und tief erfahren durfte. Dies ging sogar so weit, dass sie vom Herrn selbst den Auftrag bekam, den Papst aufzufordern, die Welt dem Heiligsten Herzen Jesu zu weihen. Genau dies hat Papst Leo XIII. dann auch im Jahr 1899 getan. Man kann mit Fug und Recht sagen, dass Maria Droste neben der heiligen Gertrud von Helfta die zweite große Herz-Jesu-Mystikerin deutscher Herkunft ist.

Umso erstaunlicher ist es, dass diese große Frau im deutschsprachigen Katholizismus weitgehend unbekannt ist. Dies hat sicher etwas damit zu tun, dass viele Katholiken, selbst Priester und Bischöfe, sich heute sehr schwer mit der Herz-Jesu-Verehrung tun. Allzu vorschnell wird diese Frömmigkeitsform als längst überholter Kitsch abgetan. Der Trend in der Weltkirche ist ein gänzlich anderer: Hier kann sogar von einer wahren Renaissance des Herz-Jesu-Kultes die Rede sein. Insbesondere das Pontifikat des heiligen Johannes Paul II. hat eine neue

Spielart dieser Verehrung für die ganze Kirche in den Fokus gebracht. Dieser Papst war zutiefst geprägt von der Verehrung der Barmherzigkeit Gottes, wie sie der heiligen Schwester Faustina Kowalska in den Dreißigerjahren des letzten Jahrhunderts in Polen und Litauen offenbart worden ist. Neben dem *Herz-Jesu-Hochfest* kennt nunmehr das liturgische Jahr noch einen weiteren Festtag, der dieses Geheimnis in den Mittelpunkt der Betrachtung stellt, nämlich den *Barmherzigkeitssonntag*, den ersten Sonntag nach Ostern. Und genau diesen Sonntag wählte unser Heiliger Vater, Papst Franziskus, in diesem Jahr als Termin der Heiligsprechung zweier großer Päpste, Johannes XXIII. und Johannes Paul II., die beide große Verehrer des Herzens Jesu waren. Hierauf wies der Papst in seiner Predigt an diesem Festtag hin: „Sie waren zwei mutige Männer, erfüllt vom Freimut des Heiligen Geistes, und haben der Kirche und der Welt Zeugnis gegeben von der Güte Gottes und von seiner Barmherzigkeit. (…) Vergessen wir nicht, dass es gerade die Heiligen sind, die die Kirche voranbringen und wachsen lassen."[2] Vor diesem Hintergrund ist es immer sinnvoll, sich mit dem Lebenszeugnis der Heiligen und Seligen zu beschäftigen. Nur durch ihr Beispiel kann die Kirche glaubwürdig vor den Augen der Welt bezeugen, wer Jesus Christus ist.

Auch Maria Droste zu Vischering war ganz vom Heiligen Geist erfüllt. Auch sie gab der Kirche und der Welt ein eindringliches Zeugnis von der Güte und Barmherzigkeit Gottes. Es gibt weitere gute Gründe, sich gerade in unserer Zeit dieser großen Glaubensgestalt zu nähern: Die Herz-Jesu-Verehrung gehört wesentlich zum katholischen Glau-

---

[2] Zit. nach ULR http://w2.vatican.va/content/francesco/de/homilies/2014/documents/papa-francesco_20140427_omelia-canonizzazioni.html.

bensgut. Bereits der Evangelist Johannes ist der erste große Vertreter dieser Mystik. Er ist es, der das fleischgewordene Wort des Vaters „am Herzen des Vaters" (Joh 1,18) ruhen lässt. Er ist es, der bei der Kreuzigung unseren Blick auf das geöffnete Herz Jesu richtet, woraus Blut und Wasser fließen (vgl. Joh 19,34). So haben die Sakramente der Kirche im geöffneten Herzen des Herrn ihren Quellgrund. Bei Johannes ist das Herz, welches für die Barmherzigkeit Gottes steht, gleichsam die Klammer des ganzen Evangeliums. Diese neutestamentliche Wahrheit ist vom Herrn selbst durch alle Epochen auf wundersame Weise in Privatoffenbarungen bestätigt worden: Man denke nur an die Gertrud von Helfta im Mittelalter, Maria Margareta Alacoque im Frankreich des 17. Jahrhunderts, an Maria Droste im 19. Jahrhundert und in unserer Zeit an Schwester Faustina. Nähern wir uns also mit Maria Droste einer Gestalt, die der Herr gewürdigt hat, die Liebe seines Herzens auf besondere Weise offenbart zu bekommen.

Diese Annäherung soll in drei Schritten erfolgen. Zunächst wenden wir uns dem Leben dieser Seligen zu. Wo kommt sie her? Wie war ihre Kinder- und Jugendzeit? Was hat sie geprägt? Wie war ihr Leben als Ordensfrau? Bereits hier werden wir staunen, wie tief Gottes Gnade in das Leben eines Menschen hineinwirken kann. In einem zweiten Schritt schauen wir uns dann einige Aspekte ihrer Frömmigkeit an, die uns anspornen können, mit ihr den Weg zum Herzen Jesu zu gehen. Zum Schluss soll die Möglichkeit gegeben werden, mit einer Novene auch im Gebet dem zuvor Gelesenen nachgehen zu können. Die Fürsprache der seligen Maria Droste kann uns allen helfen, immer tiefer zum Herzen Jesu vorzudringen.

Mit dem Gedanken zum Gebet kehren wir wieder an den Ausgangspunkt unserer einleitenden Betrachtung zurück. In der St. Servatiikirche zu Münster hängt an der Rückwand der Kirche ein sehr ausdrucksstarkes Porträtgemälde unserer seligen Maria Droste zu Vischering. Auf diese Weise stärkt sie allen Christen den Rücken, die vor dem allerheiligsten Altarsakrament in Anbetung verharren. Das ist ein sehr eindrucksvolles Bild: Maria Droste stärkt uns den Rücken beim Gebet. Ich wünsche allen Lesern dieser kleinen Schrift die Erfahrung, wie hilfreich es ist, wenn die Heiligen unserer Kirche uns den Rücken stärken!

Ich widme diese Zeilen meiner Frau Susanne, die ich vor Jahren während der Besinnungstage zum Jahreswechsel im Kloster Helfta, *dem* Ort der mittelalterlichen Herz-Jesu-Mystik, kennen und lieben lernen durfte. In tiefer Dankbarkeit über diese Fügung der göttlichen Vorsehung sei jedes Wort dieses Buches ihr ganz besonders zugetan.

Zudem danke ich ihr und meinen Kindern, Johanna und Corona, aus ganzem Herzen für die vielen Anregungen bei der Erstellung dieser Veröffentlichung. Gerade in der Familie gibt die gemeinsame Betrachtung der Barmherzigkeit Gottes und die Verehrung des Herzens Jesu immer wieder Kraft, einander barmherzig zu sein. So will dieses Büchlein auch als Anregung verstanden werden, im Herzen Jesu den Lebensmittelpunkt der christlichen Familie zu erblicken. Auf diesem Wege kann jede Familie zu einer fruchtbringenden Hauskirche für den ganzen mystischen Leib Christi werden.

Danken möchte ich auch dem hochwürdigsten Herrn Erzbischof von Vaduz, Wolfgang Haas, für sein geistliches Vorwort. Besonders dankbar bin ich ihm für den Hinweis der Verbundenheit von Ost- und Westkirche gerade im Hinblick auf die Herz-Jesu-Verehrung. Möge die Christenheit einst wieder im Herzen Jesu zur vollen Einheit zurückfinden. Dazu begleite uns auch die Fürbitte der seligen Maria Droste.

Unser Nachdenken über das Herz Jesu und die selige Maria Droste soll mit einem Gebet[3] des hl. Johannes Paul II., der am heutigen Tag zusammen mit Papst Johannes XXIII. von Papst Franziskus in das Verzeichnis der Heiligen eingeschrieben worden ist, beginnen:

Herr Jesus,
du bist unser Retter und unser Gott!

Mach, dass sich unser Blick
nie an einen anderen Stern heftet
als den der Liebe
und der Barmherzigkeit,
der auf deiner Brust erstrahlt.

Möge dein Herz,
o unser Gott,
der Leuchtturm unseres Glaubens sein,
der Anker unsere Hoffnung,
die Rettung aus unserer Schwäche,
die Morgenröte eines dauerhaften Friedens,
die Sonne, die unseren Horizont erhellt.

Greven, 27. April 2014, am Barmherzigkeitssonntag

Der Autor

---

[3] Zit. nach *Beten mit Johannes Paul II.*, Kehl am Rhein 2014, S. 6f.

Das Leben der seligen Maria Droste zu Vischering

Herkunft und Geburt

Maria wurde am 8. September 1863, dem Fest Mariä Geburt, als Kind des Erbdrosten Graf Clemens Droste zu Vischering und seiner Frau Helene, geb. Gräfin von Galen, im Erbdrostenhof in Münster geboren.[4] Noch heute erinnert dort eine Gedenktafel aus Bronze an die Geburt der Seligen:

Gedenktafel am Erbdrostenhof in Münster (Westf.)

---

[4] Zur Vertiefung bzgl. des biografischen Überblicks sei neben den Biografien von *L. Chasle*, Selige Schwester Maria vom Göttlichen Herzen Droste zu Vischering. Ordensfrau vom Guten Hirten, 9. Aufl., Freiburg im Breisgau 1929, hier im Nachdruck 1. Aufl., Wangen i. Allg. 1995, und *M. Bierbaum*, Maria vom Göttlichen Herzen Droste zu Vischering – Ein Lebensbild, Freiburg im Breisgau 1966 noch auf folgende Beiträge, die aus der Ordensfamilie stammen, verwiesen: *Kongregation der Schwestern vom Guten Hirten*, Maria Droste zu Vischering: Eine Dokumentation, Rom/Münster 1975; *Provinzialat der Schwestern* vom Guten Hirten, Schwester Maria vom Göttlichen Herzen. Das Leben der Gräfin Maria Droste zu Vischering, Münster o. J.

Ihre Mutter Helene war eine Nichte des großen Sozialbischofs Wilhelm Emanuel von Ketteler, die Schwester des Weihbischofs Max Gereon von Galen und die Tante des späteren Kardinals Clemens August von Galen. Dieser Blick auf die mütterliche Seite zeigt bereits überdeutlich an, in welchem Umfeld die Selige aufgewachsen und geprägt worden ist. Die Geschichte der Familie Droste zu Vischering war bis zu dieser Zeit eng mit den Geschicken der Kirche, insbesondere der Diözese Münster, verbunden. Denn die Herren von Wulfhelm – seit 1271 mit der Burg Vischering belehnt, nach der sie sich auch später nannten – standen den Fürstbischöfen als Droste (Truch-

Erbdrostenhof in Münster (Westf.)

sess) treu zur Seite. Das Haupt der Familie führt bis heute den Namen Erbdroste. Auch nach dem Zusammenbruch des Fürstbistums im Jahre 1803/1806 traten einige Vertreter dieser Familie mit ganzer Hingabe als Herolde der katholischen Sache in Erscheinung, so z. B. der Urgroßonkel der Seligen, Weihbischof und spätere Bischof von Münster, Caspar Max Droste zu Vischering. Dieser hatte sogar den Mut, auf dem von Kaiser Napoleon im Jahre 1810/1811 nach Paris einberufenen Nationalkonzil die Freiheit für Papst Pius VII. zu fordern. Auch dieser kurze Blick auf die väterliche Seite vermag bereits anzudeuten, dass Maria von ihren Vorfahren eine stark katholische Prägung bekommen hat, die ihr zeitlebens Kraft gab, sich mit ihrem Leben ganz dem Dienst der Kirche zu widmen.

Bereits bei ihrer Geburt offenbart Gott die besondere Gnadenwahl, die er von Beginn der Welt an in seinem Plan für dieses Geschöpf vorgesehen hat. Ihr Geburtstag war zugleich das Fest der Geburt der Gottesmutter. Die Eltern haben ihr dann aufgrund dieses Umstandes den Namen Maria gegeben. Ursprünglich sollte sie Anna heißen. Ihr Leben stand so von Geburt an unter dem Licht des Meeressterns, der uns auf der nächtlichen Fahrt führt. Wie Maria sollte auch dieses Kind einst erwählt werden, das Fiat zu sprechen. Genau das hat sie schon sehr früh in ihrem Leben erkannt.

Maria wurde mit Max als Zwilling zur Welt gebracht, wobei für Maria Lebensgefahr bestand. Aus diesem Grunde wurde sie vom Arzt sofort getauft. Welch ein dramatisches Vorzeichen für das Leben dieser Frau! Von Beginn an wurde sie mit dem Kreuz unseres Herrn in Beziehung gesetzt: „Wer mein Jünger sein will, der verleugne sich selbst, nehme sein Kreuz auf sich und folge mir nach!" (Mk 8,34). Hören wir zu den Turbulenzen der Geburt und der Nottaufe auch die

Droste selbst. Auf Drängen ihres Beichtvaters hat sie auf dem Krankenlager einen Abriss ihres Lebens niedergeschrieben. Dort finden
wir folgende Bemerkung der Seligen über den Beginn ihres Lebens,
die sehr aufschlussreich ist:

> *„Am 8. September wurde ich in Münster geboren, ich und mein
> Zwillingsbruder Max. (…) Die erste Gnade, die mir Gott verlieh,
> war die, gleich nach meiner Geburt getauft zu werden, da ich in
> Lebensgefahr war. So wünschte der Herr, mich schon im ersten Au-
> genblicke meines Eintrittes in die Welt von der Gewalt des Teufels
> zu befreien und Besitz von mir zu nehmen. O möchte er auch der
> Herr meines Herzens bleiben bis zum letzten Augenblicke meines
> Lebens und für die ganze Ewigkeit! Werde ich ihn aus meinem
> Herzen schon verstoßen haben durch die Sünde? Wenn er sich von
> mir noch nicht zurückzog, so war es einzig die Wirkung seiner
> Barmherzigkeit.“*[5]

Diese Sätze haben es zweifelsohne in sich. In der Lebensgefahr erblickt sie die erste Gnade ihres Lebens! Denn nur deshalb wurde sie
sofort getauft. Gott hat von ihrem irdischen Leben sofort „Besitz
ergriffen". Die Selige ist felsenfest von der Wirkung des Taufsakra-
mentes überzeugt: Die Taufe entzieht uns Menschen dem Einfluss-
bereich des Satans. Welcher Geistliche lenkt auf diese Wirkung der
Taufe heute noch seinen Blick? Wie oft kann man in so genannten
Tauferneuerungen während der Osternacht schon erleben, dass nicht
mehr gefragt wird, ob wir dem Satan entsagen. An die Stelle dessen
wird das unpersönliche Böse gesetzt. Ganz anders unsere Selige. Sie
weiß ganz selbstverständlich um die Gefahr des Antichristen.[6] Aber

---

[5] *Chasle*, S. 19.
[6] *Papst Franziskus* hat bereits bei seiner ersten Predigt, die er als Pontifex im Kreise der

sie weiß auch um die Kraft der Gnade. Bis zuletzt hat sie auf die Barmherzigkeit Gottes vertraut.

Am 09. September wurde den Zwillingen in feierlicher Form in St. Servatii die Taufe gespendet, allerdings empfing Maria das Sakrament nur bedingungsweise wieder. In der damaligen Zeit war dies bei zuvor erfolgten Nottaufen üblich. Das Kind wurde für den Fall nochmals getauft, dass die zuvor erteilte Nottaufe ungültig gewesen sein könnte. Zudem wurden die ausdeutenden Riten, wie zum Beispiel die Salbung mit dem Chrisamöl, nachgeholt. Der Taufende war an diesem Tag Max Gereon Graf von Galen, der spätere Weihbischof in Münster und Bruder ihrer Mutter. In diesem Zusammenhang möchte ich auf ein sehr schönes Erinnerungsstück an ihre Taufe hinweisen, welches jeder Besucher der Abtei Burg Dinklage, des Geburtsortes des seligen Kardinal Grafen von Galen, in der alten Burgmühle ansehen kann. Dort ist die festliche Taufgarnitur der Familie von Galen ausgestellt. Auf der Taufdecke findet sich, mit goldenen Fäden eingestickt, sowohl der Name der seligen Maria Droste als auch der Name ihres seligen Vetters Clemens August Graf von Galen. In der Taufe sind auf diese symbolische Weise die beiden großen Seligen dieser Familie so besonders vereinigt.

Bevor es auf das Stammschloss der Familie nach Darfeld zurückging, statten die glücklichen Eltern mit den Zwillingen der schmerzhaften Mutter von Telgte einen Besuch ab. Diese Geste gießt gleichsam die Besonderheit ihrer Geburt in einen wunderbar antwortenden Glau-

---

Kardinäle hielt, auf die Wirklichkeit des im Teufel *personifizierten* Bösen hingewiesen: „Wenn man Jesus Christus nicht bekennt, da kommt mir das Wort von Léon Bloy in den Sinn: Wer nicht zum Herrn betet, betet zum Teufel. Wenn man Jesus Christus nicht bekennt, bekennt man die Weltlichkeit des Teufels, die Weltlichkeit des Bösen." Zit. nach ULR http://w2.vatican.va/content/francesco/de/homilies/2013/documents/papa-francesco_20130314_omelia-cardinali.html.

bensakt der Eltern. Sie weihen die Kinder der schmerzhaften Mutter, die der Herr selbst in Johannes uns zur Mutter gegeben hat (vgl. Joh 19,25ff.).

Kindheit und Jugendzeit in Darfeld

Bis zum sechzehnten Lebensjahr verbrachte Maria eine glückliche Jugendzeit auf Schloss Darfeld, etwa 30 km weit von Münster entfernt. Wenn man diese Landschaft und das darin liegende Schlossareal heute betrachtet, kann man durchaus noch erahnen, in welch einer schönen Atmosphäre die Selige aufwachsen durfte. Das Schloss weist den ernsten Charakter einer münsterländischen Wasserburg auf. Dieser Grundzug wird jedoch aufgelockert durch eine geschmackvolle Innenhoffassade im Stil der italienischen Renaissance. Den harmonischen Abschluss des Gebäudes bildet sicher die romantisch anmutende Kapelle, die für die Droste einmal der Ort wunderbarer Christusbegegnungen werden sollte. Das Schlossareal ist eingebettet in die wunderschöne münsterländische Parklandschaft.

Schloss Darfeld

Zwei wichtige Wallfahrtsorte der Diözese liegen in der unmittelbaren Nähe: So zunächst die älteste Marienwallfahrt des Bistums Münster zu „Unserer Lieben Frau vom Himmelreich" in Eggerode. Hier ziert eine anmutige Madonna byzantinischen Stils, offensichtlich eine Kreuzzugsbeute, die Wallfahrtskapelle. Ebenso nur wenige Kilometer vom Schloss, hinter den sanften Hügeln der Baumberge, das malerische Billerbeck, der Sterbeort des hl. Ludgerus, des ersten Bischofs von Münster. Die Droste ist also zwischen diesen Gnadenorten groß geworden. Und auch dieser Umstand erinnert unwillkürlich an den Beginn ihres Lebens. Da ist auf der einen Seite die Gottesmutter und auf der anderen Seite das Geschenk des Glaubens und der Taufe, welche durch den Glaubensboten Ludgerus, der diesem schönen deutschen Landstrich das Licht des Glaubens gebracht hat, symbolisiert wird.

St. Ludgerusdom in Billerbeck nahe Darfeld

Sie wuchs in dem Milieu des münsterländischen Landadels auf, der seit Jahrhunderten tief mit der katholischen Kirche verbunden ist. Von Beginn an erlebte die Droste mehrere kirchengeschichtliche Ereignisse, die sie für ihr ganzes Leben sicher tief geprägt haben. So durfte ihr Vater während des Ersten Vatikanischen Konzils (1869/70) den Dienst als päpstlicher Kammerherr verrichten. Während dieser Kirchenversammlung wurde die Lehre über das Papsttum vervollkommnet durch die Definition der päpstlichen Unfehlbarkeit. Maria war schon recht früh fasziniert von der einheitsstiftenden und universalen Bedeutung des Petrusdienstes.

Die Reaktion in Deutschland auf die Lehren des Ersten Vatikanums ließ nicht lange auf sich warten. Kanzler Bismarck, dem aufgrund seiner preußischen Junkerprägung jedwedes Katholische schon von Kindheit an zumindest verdächtig erschien, sah nun den Moment gekommen, mit aller Härte seinen antikatholischen Affront auszuleben. Mit dem Unfehlbarkeitsdogma war für den eisernen Kanzler das Fass übergelaufen. Ab sofort stand jeder katholische Amtsträger im Verdacht, kein guter Patriot zu sein, da er doch sowieso nur auf die päpstliche Autorität *„ultra montes"*, d. h. jenseits der Alpen, schaue. Ab 1872, die Droste war gerade neun Jahre alt, brach der Kulturkampf in Preußen flächendeckend aus. Maria schrieb dazu im Rückblick:

> *„Die Reise meines Vaters nach Rom zum Vatikanischen Konzil und der beginnende Kulturkampf trugen dazu bei, meine Verehrung für die heilige Kirche zu vermehren. Die Jesuiten und die meisten religiösen Orden, welche ich von Kindheit an schätzte und kannte, wurden vertrieben. Der Bischof wurde gefangen genommen, nachdem ihm seine Diözesanen in großartigen Kundgebungen den Beweis ihrer Anhänglichkeit gegeben, und endlich sah er sich genötigt, in die Verbannung zu gehen. Viele Pfarreien blieben ohne Priester.*

Alle diese Ereignisse ließen immer mehr unsere Begeisterung für die heilige Kirche und für ihre Diener erstarken. Der Herr Bischof von Münster, welcher eine große Andacht zum heiligsten Herzen Jesu hegte, ließ öffentliche Gebete zu diesem Göttlichen Herzen verrichten und nahm, bevor er in die Verbannung ging, selbst im Dome zu Münster die feierliche Weihe seiner Diözese an das heiligste Herz Jesu vor.[7]

Diese Zeilen verraten wieder viel über die Seelenstimmung unserer Seligen: Die kirchenhistorischen Ereignisse, die Triumph und Verfolgung der Kirche Gottes wie zwei Seiten einer Medaille widerspiegeln, haben auf Maria für ihr ganzes Leben eine prägende Wirkung. Gerade die mitunter aussichtslos erscheinende Notlage der Kirche während der Kulturkampfzeit spornte sie an, die Kirche Gottes umso mehr zu lieben und sich dieser im Laufe ihres Lebens hinzugeben. Auch die Herz-Jesu-Verehrung des verfolgten Bischofs Johannes Bernhard Brinkmann (1813–1889) hat sie schon damals tief beeindruckt. Im Herzen Jesu fand die verfolgte Kirche ihre Zuflucht. Leider scheint uns heute dieses Wissen oft verloren gegangen zu sein. Wir neigen eher dazu, über die mangelnde Anerkennung der Kirche in der postmodernen Gesellschaft zu klagen, anstatt zum Herzen des Erlösers zu gehen. Zudem macht sich in unserer kirchlichen Situation eher das schleichende Gefühl der Resignation breit. Da ist Maria einen gänzlich anderen Weg gegangen: Gerade in der Verfolgung der Kirche, in der Not, wächst ihre Liebe zur Kirche.

Maria war ein sehr lebhaftes, ja fast wildes Kind mit leidenschaftlichen Ausbrüchen und starkem Eigenwillen:

---

[7] *Chasle*, S. 22.

„Ich bewahrte mein Geheimnis, Ordensfrau werden zu wollen, ohne indes deswegen artig zu sein. Im Gegenteil beleidigte ich den lieben Heiland im Alter von 12 bis 16 Jahren am meisten; er jedoch verließ mich nicht, vielmehr behandelte er mich immer mit der gleichen Barmherzigkeit. Aus dieser Zeit erinnere ich mich am besten der Feste in der Kirche und in der Kapelle und der unschuldigen Vergnügen, die ich mit meinen Brüdern und Schwestern genoss. Damals war ich mehr Junge als Mädchen, und ich glaubte, dass niemand in der Welt so glücklich sei als ich. Ich wünschte immer ein Junge zu sein, um Jesuit werden zu können und in die afrikanischen Missionen zu gehen." [8]

Ihre Offenheit fasziniert bis heute. Diese Erinnerung macht uns klar, dass die Heiligen nicht vom Himmel fallen. Auch sie müssen sich dem Reifungsprozess des Lebens stellen und lernen, ihre Charakterschwächen nach und nach abzubauen, um ein tugendhaftes Leben führen zu können. Ihr ungestümes Temperament bereitete ihren Eltern, besonders der mit der Erziehung hauptsächlich befassten Mutter, sicher einige Bauchschmerzen. Es ist interessant, dass Gott uns auch bei diesem Menschen zeigt, wie mächtig seine Gnade ist. Das ungestüme und leidenschaftliche Temperament erwählt er, um diese Eigenschaft seinem Willen dienstbar zu machen und zum Guten hin zu verwandeln. Wir werden hier an Gertrud von Helfta erinnert, die in ihren Kinder- und Jugendjahren auch alles andere als ein braves Mädchen gewesen ist. So soll Christus selbst Folgendes von Gertrud gesagt haben: „Wenn sie nicht so heftig wäre, würde sie mich auch nicht so leidenschaftlich lieben."[9] Gerade Menschen mit impulsivem Charakter sind in der Lage, sich mit voller Hingabe dem Herzen Jesu zu schenken. Hier ist

---

[8] Ebd., S. 23.
[9] Zitiert nach *Bierbaum*, S. 38.

wahre Leidenschaft, die durch die Gnade Gottes in eine wunderbare Hingebungshaltung verwandelt werden kann. Auch an den ersten Herz-Jesu-Heiligen der Hl. Schrift werden wir in diesem Zusammenhang unwillkürlich erinnert. Johannes, der Lieblingsjünger, der an der Brust des Herrn ruht, ist einer der Boanerges, der Donnersöhne (vgl. Mk 3,17). Der Herr selbst gab den Söhnen des Zebedäus, Jakobus und Johannes, diesen Beinamen. Auch hier war vor der Berufung das leidenschaftliche Temperament zu finden, welches sich Jesus ganz für sein Heilswirken dienstbar machen konnte.

In der Kinder- und Jugendzeit wurde die starke Herz-Jesu-Verehrung bereits grundgelegt. Im Alter von neun Jahren ließ die Mutter sie in die Bruderschaft von der Ehrenwache des Herzens Jesu aufnehmen. Diese bis in unsere Tage bestehende Bruderschaft entstand in der salesianischen Tradition der Heimsuchungsschwestern in Frankreich. Die Mitglieder weihen eine Stunde des Tages zur Aufopferung dem Herzen Jesu. Diese Weihe ist eine Möglichkeit der Alltagsheiligung. Es geht dabei nicht darum, fortwährend in dieser Stunde zu beten. Diese Stunde soll zur Ehre des Herzens Jesu gelebt werden. Die Mutter wählte für Maria die Stunde von 9 bis 10 Uhr. Maria erinnerte sich an die Eintragung in die Bruderschaft und weist dabei wieder auf ihr ungestümes Temperament hin:

„Meine Mutter ließ mich auch in die Ehrenwache aufnehmen, und es scheint mir, dass sie die Stunde von 9 bis 10 Uhr wählte, weil sie zu dieser Stunde Unterricht erteilte. Da ich ein kleiner durchtriebener Taugenichts war und sehr unruhig, so hoffte sie vielleicht, mich hierdurch zu bessern. Ich war damals neun Jahre alt. So wuchs ich auf unter dem Schutze des heiligsten Herzens Jesu. Als ich noch klein war, begünstigte mich der Heiland schon an seinen Festen mit vielen inneren Tröstungen; aber ich verstand

nicht, aus diesen Gnaden Nutzen zu ziehen, und beleidigte den Herrn durch viele Sünden. "[10]

Auch diese Notiz ist für uns sehr aufschlussreich. Bis zur ihrer Internatszeit in Riedenburg wurde sie zu Hause unterrichtet. Die Mutter übernahm hierbei die religiöse Unterweisung. Die Aufopferung zum Herzen Jesu während der Wachestunde interpretiert die Droste im Nachhinein als durchaus pädagogischen Versuch der Mutter, ihre Unruhe in den Griff zu bekommen. Wird man da nicht an das Wort Jesu erinnert, der uns zuruft: „Kommt alle zu mir, die ihr euch plagt und schwere Lasten zu tragen habt. Ich werde euch Ruhe verschaffen" (Mt 11,28)? Schlussendlich sah sie sich schon mit neun Jahren ganz unter dem Schutz des Herzens Jesu stehend.

Mit zwölf Jahren empfing Maria in der Pfarrkirche zu Darfeld die erste heilige Kommunion und die heilige Firmung. Sie erinnerte sich so daran:

„Ich empfing die erste heilige Kommunion am 25. April 1875 in der Pfarrkirche zu Darfeld mit meinem Bruder Max; denn wir waren immer zusammen. Schon bei dieser Gelegenheit sehnte ich mich nach dem klösterlichen Leben, um ganz dem Heilande anzugehören. Da man mir erzählte, dass einige Heilige bei dieser Gelegenheit zuerst ihren Beruf gefühlt hätten, so erwartete ich mit Ängstlichkeit dasselbe Glück. Jedoch gewährte mir der Heiland an diesem Tage nicht die Gnade, welche ich mir so sehr wünschte. Ich wartete nun auf den Tag der Firmung, und am 8. Juli desselben Jahres, gleich nachdem ich gefirmt war, fühlte ich in mir die Berufsgnade entstehen, die ich nie mehr verlor. Sie wuchs mehr und mehr mit mir. "[11]

---

[10] *Chasle,* S. 20.

[11] Ebd., S. 22f.

Wieder finden wir neue Einblicke in das Seelenleben der Droste. Schon recht früh hat sie sich mit den Viten der Heiligen beschäftigt. Hierbei hat sie beobachten können, dass einige Heilige ihre Erstkommunion als ihr großes Berufungserlebnis erfahren haben. In ihrer kindlichen Einfachheit ging sie offensichtlich davon aus, dass sie selbiges erfahren würde. Dem war aber zu diesem Zeitpunkt noch nicht so. Doch die Firmgnade bewirkte in ihr dann endlich das lang ersehnte Geschenk, sich ihrer Berufung zur Ordensfrau gewiss zu werden. Zunächst war noch unklar, welchen Weg sie in der reichen Ordenslandschaft der Kirche gehen würde. Eines war aber schon in dieser Zeit gewiss: Sie wollte sich bereits als Zwölfjährige ganz dem Herrn schenken.

Am Fest „Mariä Opferung", dem 21. November 1878, hatte Maria nochmals ein tiefes geistliches Erlebnis bezüglich der Frage ihrer Berufswahl. Der Prediger sprach im Gottesdienst über das Gebot der Gottesliebe: „Darum sollst du den Herrn, deinen Gott, lieben mit ganzem Herzen, mit ganzer Seele und mit ganzer Kraft" (Dtn 6,5). Hierbei wies der Prediger darauf hin, dass Gott unser ganzes Herz haben wolle, er begnüge sich eben nicht mit einem Teil desselben. Diese Predigt ging ihr durch Mark und Bein. Folgendes schrieb sie zu dieser Predigt in ihren Erinnerungen:

„Plötzlich kam mir in den Sinn: Du musst Ordensfrau werden. Ich fing an nachzudenken. Meine Eltern, die frömmsten und gottesfürchtigsten Personen, die ich kenne, gingen auch nicht ins Kloster, sagte ich mir. Aber wenn man heiratet, ist das Herz geteilt zwischen Gott und den Geschöpfen. Endlich konnte ich der Gnade doch nicht widerstehen. Wohl wünschte ich das Ohr meiner Seele zu verschließen, indem ich mir einredete: Die Predigt ist ja nicht für dich allein, die andern hören sie auch und gehen nicht

*ins Kloster. Aber es war mir nicht möglich, die Stimme Gottes zu
überhören, und so wurde dieser Tag entscheidend für mich, oder
vielmehr von diesem Tag an begann der liebe Heiland, mich auf
ganz besondere Weise an sich zu ziehen, indem er mir immer mehr
zu erkennen gab, dass er mich ausschließlich für sich wünsche und
dass er mein Herz besitzen wolle.*"[12]

Maria fasziniert mit ihrer klaren Beschreibung der inneren Vorgänge.
Sie artikuliert durchaus auch den Zweifel. Wieso sollte ausgerechnet
sie jetzt einen anderen Weg als die anderen Zuhörer dieser Predigt gehen? Selbst ihre strenggläubigen Eltern sind auch einen anderen Weg
gegangen. Doch sie erkennt in dieser Predigt den Ruf Gottes, der
konkret für sie bestimmt ist. Sie soll die Braut des Herzens Jesu werden. Nur so vermag sie ihr Herz in ungeteilter Hingabe dem Herrn
zu schenken. Man könnte ihr entgegenhalten, ob ihre Sicht nicht sehr
exklusiv ist. Kann es nicht auch sein, dass Menschen, die miteinander durch das Eheband verbunden sind, Gott mit ganzer Hingabe
lieben? Für Maria erscheint das nicht möglich. Sie kann sich für sich
nicht vorstellen, dass sie Gott auch im ehelichen Stand mit ungeteil-
tem Herzen lieben kann. Allerdings ist die Ehe ein Sakrament. Eheleute, die in der Ehe ihren Weg der Nachfolge sehen, können auch
in der gegenseitigen geschöpflichen Liebe sich zugleich ganz hinge-
ben gegenüber dem Schöpfer. Er ist ja schließlich die Ursache dieser
geschöpflichen Liebe, die das innere Leben der Dreieinigkeit in der
Familie abbildet. Hier kann die Gnade Gottes auf unterschiedliche
Weise wirken. Man denke nur an die vielen heiligen Eheleute, die
auf diese Weise den Weg der Nachfolge gegangen sind.[13] Maria will

---

[12] Ebd., S. 24.
[13] Hierzu hat *F. Holböck* mit seiner Veröffentlichung „Heilige Eheleute. Verheiratete Se-

hier nicht die Menschen abwerten, die einen anderen Weg gehen. Sie erkennt für sich in diesem Moment, dass Gott sie in den Ordensstand ruft. Und genau dieses Ziel verfolgte sie in den nächsten Jahren bis zum Eintritt ins Noviziat auch mit vollem Eifer.

Internatszeit in Riedenburg

Die Jahre 1879 bis 1881 verbrachte Maria im Pensionat der Sacré-Coeur-Schwestern auf der Riedenburg bei Bregenz am Bodensee gelegen. Diese Zeit war für sie eine Zeit intensiver charakterlicher Bildung. Ihr lebendiges Temperament führte dazu, dass diese Zeit zunächst für sie sehr schwer war. Das Stillsitzen und das streng geregelte Internatsleben waren für sie sicher ein kleines Kreuz, welches sie lernen musste, geduldig zu tragen. Hinzu kam trotz der herrlichen Bodenseegegend die immer wieder aufkeimende Sehnsucht nach der westfälischen Heimat. Allerdings entwickelte sich Maria während dieser Zeit durch ihren Fleiß und ihre Erfolge zu einer der besten Schülerinnen des Instituts:

> *„Die 2 1/4 Jahre, welche ich im Pensionate zubrachte, waren für mich ebenso viele Gnadenjahre. Ich empfing zwar hier keine andere Lehren und Ermahnungen als im Elternhause, allein das Beispiel jener guten Klosterfrauen und die Klosterluft blieben nicht ohne tiefen Eindruck, und da ich mich im Hause des Herzens Jesu befand, so kam mir alles Gute aus dieser Quelle. Ich lernte ein*

---

lige und Heilige, 2. Aufl., Stein am Rhein 2001" einen verdienstvollen Beitrag geliefert. Dort wird im Vorwort auf S. 8 der große Hagiograf *W. Nigg* zitiert, der auf den Zusammenhang von Ehesakrament und Nachfolge Christi hingewiesen hat: „Es ist falsch zu behaupten, die Ehe ermögliche dem Menschen nicht, die ganze Vollkommenheit des christlichen Lebens zu erreichen. Würde diese Auffassung zu Recht bestehen, dann wäre das Sakrament der Ehe das armseligste aller Sakramente. Wir betonen dagegen mit allem Nachdruck, dass auch die Ehe ein Weg zur Heiligkeit ist."

wenig meinen Charakter beherrschen; wenigstens fing ich an zu verstehen, dass die Liebe zum Herzen Jesu ohne Opfergeist nur Einbildung sei. Deshalb begann ich, die Opfer zu lieben und aufzusuchen, um mich auf diese Weise mit dem zu vereinigen, dessen Braut zu sein ich so sehr wünschte."[14]

Die Liebe zum Herzen Jesu kann nur dann gelebt werden, wenn man sich mit dem Opfer Jesu vereint, indem man die Widerwärtigkeiten des Lebens, insbesondere seine eigenen Charakterschwächen, annimmt und mit Gottes Gnade den ernsthaften Versuch unternimmt, diese zu ertragen. Das ist es, was Maria hier unter Opfergeist versteht. Die bloß affektive Zustimmung zum Herzen Jesu enttarnt Maria als bloße Illusion. Sind wir in unseren Tagen nicht oft versucht, die Religion als Event misszuverstehen? Religiöse Gefühlsduselei, losgelöst von jedweder Konsequenz im eigenen Leben, kann keine Frucht bringen. Auch hier ist Maria für uns ein Vorbild, diesen Opfergeist wieder in uns zu erwecken.

Während dieser Zeit lernte Maria einen Jesuitenpater kennen, der sie tief beeindruckte. Diesem vertraute sie auch als Erstem an, dass sie beabsichtige, Ordensfrau zu werden. Eindrucksvoll sind auch die Zeugnisse ihrer Mitschülerinnen, die durch Marias Frömmigkeit einen tiefen Ansporn erfahren durften. So bemerkte eine Gefährtin aus dieser Zeit, dass sie besonders davon beeindruckt gewesen sei, mit welch einer Innigkeit Maria die heilige Kommunion empfangen habe. Diese Beobachtung habe sie selber dazu geführt, mit mehr Andacht und Ehrfurcht dem eucharistischen Herrn zu begegnen. Die Heiligen strahlen offenkundig so sehr auf ihre Umwelt aus, dass diese gar nicht davon ablassen kann, ihrem Beispiel nachzufolgen.

---

[14] *Chasle*, S. 25f.

Junge Komtess

Ursprünglich hatte sie den Wunsch, bei den Josephs-Schwestern in Kopenhagen in der nordischen Diaspora ihren Dienst zu tun. Ihre schwache körperliche Konstitution hinderte sie allerdings an diesem Vorhaben. Sie fügte sich ihrem Schicksal und legte privat das Gelübde der Jungfräulichkeit ab und führte in ihrem Elternhaus auf Schloss Darfeld ein zurückgezogenes Leben. Während dieser Zeit durfte sie die ersten großen mystischen Erlebnisse erfahren, die sie als ihre Brautzeit mit Jesus charakterisierte.

Die Droste widmete sich den Studien der Heiligen Schrift. Dabei legte sie vor allem auch auf das Studium der lateinischen Sprache, die sie als Sprache der universalen Kirche erkannt hatte, einen Schwerpunkt. So übersetzte sie unter Anleitung des Schlossvikars das ganze Neue Testament mit Ausnahme der Offenbarung des Johannes. Es ist beachtlich, mit welch einer tiefen Liebe zur Heiligen Schrift unsere Selige in dieser Phase ihres Lebens einen tiefen Zugang zum Geheimnis des Erlösers gefunden hat.

Zudem war diese Zeit geprägt durch viele innere Kämpfe und mitunter länger andauernde Phasen geistlicher Trockenheit. Maria empfand ihr ungestümes Temperament, ihre Heftigkeit und Ungeduld, gerade in dieser Zeit geistlicher Suche und Orientierung, als immer hinderlicher, den Weg der Gnade gehen zu können. In stetem Austausch mit ihrem Seelenführer hat sie ganz offen, auch in brieflichem Kontakt, ihre Charakterschwächen beschrieben und diesen immer aufs Neue den Kampf angesagt. Hinzu kam, dass ihr schwacher Gesundheitszustand noch zu einer größeren Reizbarkeit beitrug. Hierin erblickte sie das größte Hindernis, jemals den Ordensberuf ergreifen zu können. Sie stand sich selbst im Weg!

Im Jahre 1883 verschlechterte sich ihr Gesundheitszustand zusehends. Sie befand sich während dieser Zeit allerdings nicht in akuter Lebensgefahr. Sie war auch nicht gezwungen, das Bett zu hüten. Andauernder Kopfschmerz, Fieber, Husten, Appetitlosigkeit und vor allem das ständige Gefühl von Müdigkeit und Schwäche machten ihr zu schaffen. Ihr Traum vom Ordensleben schien zu zerplatzen. Man kann sich wohl kaum im Ansatz vorstellen, in welch einer großen geistlichen Not sich Maria in dieser Zeit der Erprobung, die sich auf fünf Jahre erstreckte, befand. Und auch während dieser Zeit kam wieder Gottes Gnade kraftvoll zum Zuge: Das Leiden befähigte Maria, aus der Not eine Tugend zu machen. Sie versucht auf der elterlichen Burg ein Ordensleben zu führen. Regelmäßiges Gebet und der Besuch der hl. Messe gehörten selbstverständlich zum Tagesablauf, der nach ihrer eigenen Aufzeichnung wie folgt aussah:

„6.45 Uhr	Aufstehen, Morgengebet, Matutin
6.30 Uhr	Messe
8.00 Uhr	Frühstück, Handarbeit
9.00 Uhr	Lieschen (ihre damals 3-jährige Schwester) beaufsichtigen
9.30 Uhr	Betrachtung
10.00 Uhr	Offizium (kleine Tagzeiten zu Ehren der Mutter Gottes)
10.15 Uhr	Handarbeit
11.00 Uhr	Freie Zeit
11.15 Uhr	Kreuzweg (zweimal wöchentlich Lateinunterricht)
11.30 Uhr	Spazieren gehen, dabei Rosenkranz beten
12.00 Uhr	Schlafen
1.15 Uhr	Vesper beten und Bruderschaftsgebete
1.30 Uhr	Mittagessen, freie Zeit

2.30 Uhr	Spazieren gehen, wenn möglich Kranke besuchen; vormittags gehe ich allein in den Garten, nachmittags mit den Schwestern, wie bisher auch
4.00 Uhr	Gemeinschaftliche Lesestunde und Handarbeit
5.00 Uhr	Freie Zeit für verschiedene Beschäftigungen, vorher Komplet beten (biblische Geschichte, Religionshandbuch, Heiligenleben lesen, Briefe schreiben, samstags beichten)
6.00 Uhr	Kaffee
6.15 Uhr	Betrachtung (P. Löffler verlangt zweimal täglich eine halbe Stunde Betrachtung)
6.45 Uhr	Anbetung
7.00 Uhr	Geistliche Lesung und Partikularexamen
7.30 Uhr	Gemeinschaftlicher Rosenkranz und Abendgebet
8.00 Uhr	Abendessen, Handarbeit
9.00 Uhr	Beten
9.15 Uhr	Zu Bett gehen."[15]

Die in diesem Tagesablauf anzutreffende Selbstdisziplin ist schon beachtlich. Der Tagesablauf war für die Droste ein verlässliches Korsett, ihr „heimisches Ordensleben" mit der nötigen Ernsthaftigkeit leben zu können. Zudem gab diese Ordnung ihr eine Hilfestellung, das ungestüme Temperament zu zügeln. Maria wählte diese Form bewusst als Ausdruck der Askese. Sie sah darin ein Hilfsmittel, dem Herrn konsequent – ohne unnötige Abschweifung – nachzufolgen.

Bereits 1883 legte sie im privaten Rahmen das Gelübde der ewigen Jungfräulichkeit ab. Zudem setzte sie sich in Darfeld beständig

---

[15] Zit. nach *Bierbaum*, S. 61f.

für die „armen Leute" ein. Hierin erkannte sie auch die Gegenwart ihres Herrn. Ihr Erspartes gab sie nach und nach für die Armen der Gemeinde aus. Dies stieß mitunter auch auf Unverständnis ihrer Umgebung:

> *„Ich muss an die armen Leute denken, sie erwarten es. (...) Meine Lieblingsbeschäftigung war, die Kapelle zu schmücken, Messgewänder zu sticken, Kleider für die Armen zu nähen und die armen Kranken zu besuchen; denn in diesen Beschäftigungen fand ich meinen göttlichen Bräutigam. Ich blieb sehr gern allein, weil ich ihm dann immer näher war, und er gewährte mir alles, worum ich ihn nur bat, da ich ihn immer wieder daran erinnerte, dass er mich zur Braut seines Herzens auserwählt habe. Jedesmal wenn ich ihm sagte, meine Gebete seien nichts wert, aber er sei ja so gut, und deswegen habe ich die Gewissheit, erhört zu werden, erhielt ich alles, um was ich gebeten hatte. Ich tat, was ich konnte, um die Verehrung seines heiligsten Herzens zu befördern, und verteilte an die Bewohner unserer Pfarrei Bilder des heiligsten Herzens und Gebete zu demselben, und er belohnte mich jedesmal mit neuen Beweisen seiner Liebe."[16]*

Maria verkroch sich trotz aller Anfechtungen nicht in ein Schneckenhaus und erlag nicht der Versuchung, sich im Selbstmitleid zu verlieren. Nein, sie ging hinaus: Sie pflegte die Kranken und Armen. Hierin erkannte sie Christus ebenso wie im Sakrament des Altares. Ihre Frömmigkeit war alles andere als bigott. Sie war geerdet und vermochte das zu tun, was Christus von uns allen verlangt: „Was ihr für einen meiner geringsten Brüder getan habt, das habt ihr mir getan!" (vgl. Mt 25,40). Bereits in dieser Lebensphase widmete sie sich

---

[16] *Chasle*, S. 44.

mit großer Hingabe dem Dreiklang der kirchlichen Lebensvollzüge: der Liturgie (Sticken der Paramente und Schmücken der Altäre), der Diakonie (Besuch und Unterstützung der Armen und Kranken) und der Martyria (Zeugnisgeben vom Herzen Jesu durch Verteilen von Bildern und Gebeten). Maria verstand es, mit Eifer und Konsequenz trotz aller Hindernisse ihre Berufung bereits im Elternhaus in Darfeld zu leben. Hieraus erwuchs die Kraft zu noch Größerem.

Aus dieser Zeit gibt es ein Zeugnis der seligen Maria, welches von einem unmittelbaren Zusammentreffen mit ihren Vettern Clemens August und Franz von Galen berichtet. Clemens August, der spätere Bischof von Münster und selige Kardinal, war damals erst neun Jahre alt:

> *„Clemens und Franz ritten gestern zu ihrer Freude auf Hengist (…).*
> *Heute Nachmittag fahren wir zusammen mit dem Ponywagen."*[17]

Es ist schade, dass wir nicht ein wenig mehr über das Zusammentreffen dieser Seligen erfahren dürfen. Es wäre schon interessant zu wissen, worüber sich auf der nachmittäglichen Spazierfahrt unterhalten wurde. Maria und Clemens August konnten zu diesem Zeitpunkt noch nicht erahnen, welch große Berufung sie in ihrem späteren Leben noch erfahren würden. Interessant ist jedenfalls, dass Maria trotz der streng asketischen Lebensweise während dieser Zeit nicht den Kontakt zur Umwelt ganz verlor. Zudem ist dieser kurze Briefpassus auch ein schönes Zeugnis ihrer ganz alltäglichen und noch jugendlichen Lebensfreude.

---

[17] Brief der seligen Maria an ihren Onkel Graf Ferdinand von Galen vom 25. 09.1887, zit. nach *Bierbaum*, S. 62.

Klostereintritt und Noviziat

Im Sommer 1888 erfuhr Maria langsam eine Besserung ihres Gesundheitszustandes. Daher beschäftigte sie sich wieder mit der Frage, für welchen Orden Gott sie bestimmt hat. Folgendes Erlebnis brachte ihr die Gewissheit, dass sie eine Ordensfrau vom Guten Hirten werden sollte:

> *„Ich besuchte mit meiner Mutter die Kranken im Hospital. Dort befand sich ein unglückliches Mädchen, welches Ärgernis gegeben hatte. Ich bemerkte bei meiner Mutter eine gewisse Erregung, da ich mit der Unglücklichen zusammentraf; denn sie war stets ängstlich darauf bedacht, alles von uns fernzuhalten, was Sünde war. Ich dachte jedoch: Wenn der Heiland jetzt hier wäre, welcher Kranken würde er die größte Liebe beweisen? Sicherlich dieser armen Sünderin. Ich überwand meinen Widerwillen und die Furcht der Mutter und reichte der Ärmsten die Hand. Kurze Zeit darauf sollte ich erkennen, dass es mein Beruf sei, mich für die Bekehrung der Unglücklichen zu opfern.“*[18]

So trat sie dann auch am 21. November 1888 in die Kongregation der Schwestern vom Guten Hirten in Münster ein. Sie war begeistert vom Apostolat dieser Ordensgemeinschaft, nämlich die Rettung der gefährdeten und verwahrlosten weiblichen Jugend. Man kann sich gut vorstellen, wie verpönt es in gut situierten Kreisen des 19. Jahrhunderts war, sich solcher jungen Frauen anzunehmen. Maria Droste setzte sich eindrucksvoll über diese gesellschaftliche Barriere hinweg. Sie hatte keinerlei Berührungsängste, auch zu diesen Menschen zu gehen. Auch hier wollte sie ihrem Herrn nacheifern, der sich kom-

---

[18] *Chasle*, S. 49.

promisslos der Sünder angenommen hat. Wie Christus wollte sie in ihrem Leben fortan dem Verlorenen nachgehen und helfen, dass durch die Bekehrung sich das Leben des Sünders verändert. Wir werden noch sehen, wie erfinderisch sich Maria Droste in Portugal dieser Aufgabe mit großem Wagemut gestellt hat.

Mosaikporträt der Seligen aus dem Gute-Hirten-Kloster zu Hofheim

Gottes Vorsehung lässt sie in dieser Kongregation das Erbe des hl. Johannes Eudes vorfinden: die Verehrung des heiligsten Herzens Jesu und Mariens. Bei ihrer Einkleidung am 10. Januar 1889 erhielt sie den Namen Schwester Maria vom Göttlichen Herzen. Das war für sie die Bestätigung ihrer Berufung. Den Tag ihrer Einkleidung erlebte sie als den glücklichsten ihres Lebens.

Allerdings quälten sie auch in dieser Zeit viele Zweifel. Sie fragte sich, ob sie nicht doch besser in einen rein kontemplativen Orden eintreten sollte. Zudem war sie unsicher, ob das Leben in der Kongregation überhaupt streng genug sei. So machte sie sich darüber Gedanken, ob sie nicht doch besser bei den Benediktinerinnen von der ewigen Anbetung aufgehoben sei. Aber nach eindringlicher Beratung mit ihrem Beichtvater blieb sie bei ihrem Entschluss, ihre Berufung beim „Guten Hirten" zu leben. Sie erkannte für sich, dass Aktion und Kontemplation sich nicht ausschließen müssen, sondern einander bedingen. Sie wollte unbedingt aus dem Gebet und aus der Verehrung des göttlichen Herzens den Weg zu den Sündern gehen. Junge Menschen für Christus gewinnen! Dies war sicher ein Leitmotiv ihres Lebens.

Ordensleben in Münster

Nach dem zweijährigen Noviziat legte Maria am 29. Januar 1891 ihre Gelübde ab. Von da an durfte sie sich der Aufgabe der Jugenderziehung widmen. Während der Zeremonie wurde sie mit einem „Bahrtuche", d. h. Leichentuch, überdeckt: Absterben, um mit Jesus dem Gekreuzigten und Auferstandenen, zu leben. Maria hielt die Erinnerung an dieses Ereignis wie folgt fest:

> *„Am heiligen Professionstage hat mich nur ein Gedanke beseelt: Ich bin jetzt ganz eins mit meinem Jesus. Bei der heiligen Kommunion*

wurde ich so lebhaft durchdrungen von dem Gedanken, wie innig die Verbindung und Vermählung sei, die ich mit dem Heiland eingehe, wie ich mit Leib und Seele ganz mit ihm vereinigt werde, wie vollständig die Besitznahme ist, die der Bräutigam von seiner Braut macht. Diese Augenblicke gehörten nicht der Erde an. Ich war wie überwältigt, wie umgewandelt, und dieser Eindruck war so tief, dass ich noch mehrere Wochen davon ganz beherrscht wurde. Es gab nichts mehr für mich als Jesus, mit ihm ganz eins. Er ist mein, und ich bin sein. "[19]

Maria ist endlich dort angelangt, wohin sie sich seit Jahren gesehnt hat. Sie hat mit diesem Tag ihr irdisches Lebensziel erreicht. Als Braut Jesu will sie ihren Weg gehen.

Während der Zeit als Professschwester wurde ihr die Leitung einer Abteilung des Kinderheimes des Ordenshauses in Münster übertragen. Ihre Charaktereigenschaften kamen ihr bei der Wahrnehmung ihrer Aufgaben sehr zugute: ihr frisches Auftreten, Festigkeit in der Menschenführung, Sinn für das Familienleben und vor allem ihre überaus reine Ausstrahlung. Auf die ihr anvertrauten Kinder machte sie sofort einen starken Eindruck. Besonders lagen ihr die „widerspenstigen" Kinder am Herzen. Hier erkannte sie ihre Lieblingsaufgabe, nämlich die Bekehrung der Sünder. Mit großer Geduld und einem Sinn für Gerechtigkeit nahm sie diese erste pädagogische Aufgabe wahr. Allerdings war sie sich bei der Erfüllung dieser Aufgabe darüber im Klaren, dass allein menschliches Tun nicht ausreicht. Im Gebet sah sie die Möglichkeit, besonders die schwierigen Kinder vor Gottes Angesicht zu bringen, damit dieser sich dieser Kinder annehme. Hierbei rief sie auch oft die Mutter Jesu an, in der sie die Patronin aller Pädagogen

---

[19] Ebd., S. 75.

erblickte. Später in Portugal erzählte sie ihren Mitschwestern von den vielen Gebetserhörungen in Sachen „schwer erziehbarer Kinder". Gerade bei der Wahrnehmung dieser Aufgabe hat sie sich immer unter dem Schutz Jesu und Mariens gesehen.

Aber auch in dieser Phase erfuhr Maria wieder die Dimension des Leides. Der Tod ihrer Oberin im Kloster vom Guten Hirten in Münster war für sie überaus schmerzlich, da sie in dieser Frau ihre geistliche Mutter gesehen hatte. Ein anderes Opfer war zudem die Trennung von ihrer Familie, insbesondere die Trennung von ihrem Zwillingsbruder Max. Mit Erleichterung vernahm sie 1893 die Nachricht der Heirat ihres Zwillingsbruders. Nun brauchte sie sich nicht mehr so um ihn zu sorgen. Sie hoffte und betete dafür, dass auch ihr Bruder nun seinen Weg gefunden hatte. Es ist schön zu sehen, wie sehr Maria auch als Ordensfrau mit ihrer Familie verbunden blieb. Sie war ein ausgesprochener Familienmensch. Genau diese Eigenschaft konnte sie einsetzen für die Aufgabe, die der Orden nun für sie vorgesehen hatte: der Weg in ein fernes und fremdes Land!

Ruf nach Portugal

Ihre Qualitäten als Erzieherin blieben der Ordensleitung in Angers nicht verborgen. Die Folge hiervon war ihre Berufung nach Lissabon am 20. Januar 1894, wo sie das Amt der Assistentin übernehmen sollte. Es bedarf nicht viel an Fantasie, um sich vorzustellen, wie sehr ihr der Abschied von ihrer lieben münsterländischen Heimat gefallen ist. Nun beginnt das eigentliche Opfer ihres Lebens. Das Heimweh quälte sie:

> *„Münster kann ich nie vergessen, und das gibt mir die Ursache, stündlich, ja noch öfter dem lieben Gott mein Liebstes, Teuerstes*

zu opfern. Seit meiner Abreise von dort kann ich in Wahrheit sa-
gen: Herr, ich habe alles verlassen! Ja, alles, alles, und es ist mir
nichts geblieben als dies vollständigste Opfer meiner selbst. Aber
doch habe ich gefühlt und fühle es noch täglich, dass je freier das
Herz ist, Gott es umso mehr an sich zieht, und je anhaltender das
Opfer ist, desto mächtiger auch seine Gnade. "[20]

Diese Zeilen sind in mehrfacher Hinsicht sehr bemerkenswert. Auf
der einen Seite zeigen sie, wie schwer für Maria das Opfer des Verlas-
sens der Heimat ist. Auf der anderen Seite wird aber sofort deutlich,
welchen Lohn sie für dieses Opfer erhält: die mächtige Gnade Gottes!
Maria ist in diesem tiefen Schmerz in der Lage, das Gleichgewicht der
Seele wiederherzustellen.

Mit dem Amt der Assistentin wurde ihr zugleich das der „ersten Meisterin" übertragen. Sie war dementsprechend zuständig für
die Beaufsichtigung einer Klasse mit „sechzig Büßerinnen" (so genannte „gefallene" Mädchen). Fehlende Kenntnisse der portugiesischen Sprache erschwerten der jungen Ordensfrau die Arbeit sehr.
Mit der Außenwelt konnte sie sich zunächst mit dem Französischen
weiterhelfen. Allerdings half diese Sprache ihr im Kontakt mit den
jungen Frauen nicht weiter. So litt sie sehr darunter, dass sie diesen
zunächst nicht den aus ihrer Sicht nötigen Katechismusunterricht
erteilen konnte. Umso mehr erwuchs in ihr der Eifer, schnell die
Landessprache zu erlernen. Der Umgang mit den ihr nun anvertrauten „Zöglingen" gestaltete sich nicht nur wegen der zu Anfang beste-
henden Verständigungsprobleme als schwierig. Auch das Benehmen
mancher junger Frau ließ doch sehr zu wünschen übrig. So geschah
es einmal, dass eine von ihnen eine Handvoll Kot der Seligen ins

---

[20] Ebd., S. 103.

Gesicht warf. Maria ertrug diese Schmähung mit einem Lächeln, wechselte Haupt- und Brustschleier und sagte:

„Ich bin zufrieden, etwas vom Teufel leiden zu müssen."[21]

Manch eine Mitschwester hätte sicher mit anderen „Mitteln" auf ein solches Vorkommnis reagiert. Aber Maria gewann gerade durch diese Gelassenheit recht schnell das Vertrauen der ihr zugewiesenen Jugendlichen.

Bei ihren Mitschwestern erfreute sie sich während dieser Zeit größter Beliebtheit. Ihr lebhaftes Wesen und der Sinn für Humor führten oft zur Aufheiterung während der abendlichen Rekreationen der Klostergemeinschaft. Nach dem Zeugnis einer Schwester hätte Maria durch ihre Art selbst die Steine zum Lachen bringen können. Es scheint so, dass das ungestüme Temperament unserer Seligen, wovon wir schon des Öfteren gehört haben, inzwischen Wege gefunden hatte, sich positiv zu entwickeln und sich sogar als förderlich für die Gemeinschaft erweisen konnte.

Mutter Oberin in Porto

Am 12. Mai 1894 übernimmt Maria als Oberin die Leitung des Klosters vom Guten Hirten in Porto. Dieses Kloster war nach ihrer eigenen Einschätzung eigentlich schon am Ende! Doch ihr Starkmut und Opfergeist, ihre Liebe und ihr unermüdlicher Einsatz lässt dieses Kloster wieder auferstehen zu einem echten geistlichen Zentrum in der portugiesischen Hafenstadt, die ihre eigenen Problemlagen mit sich bringt. Im Mai 1896 zeigten sich erste Anzeichen einer Rücken-

---

[21] Ebd., S. 102.

marksentzündung mit Lähmungserscheinungen. Trotz dieser schweren Krankheit ließ sie nicht davon ab, ihre Aufgaben zu erfüllen. Täglich fanden Hilfesuchende im Sprechzimmer des Klosters ihren Rat und die Versicherung ihres Gebetsgedenkens. Ein besonderes Augenmerk richtete sie auf die so genannten „verlorenen Mädchen", die in Porto ihren Körper für Geld feilboten. Viele junge Frauen konnte sie durch ihr Engagement aus den Klauen der Prostitution befreien. Es wird aus dieser Zeit berichtet, dass sie sogar einmal als Mann verkleidet einen Bordellbetrieb der Hafenstadt aufgesucht hat, um eine junge Frau aus den Fängen der Prostitution zu befreien. Hier kommt einem unweigerlich die Jugendzeit der Droste in Erinnerung, wo sie sich beklagt hat, kein Mann zu sein, da sie doch eigentlich Missionar werden wolle. Ihr Mut bediente sich mitunter ungewöhnlicher Mittel. Die Rettung der Seelen war hierbei das oberste Leitmotiv.

Zu Beginn ihrer Tätigkeit in Porto fanden 78 Mädchen und junge Frauen – darunter Diebinnen, Prostituierte und andere von ihren Familien ausgestoßene Mädchen – Aufnahme im Kloster. Am Ende ihres Lebens, nur fünf Jahre später, waren es 157. Bereits dieser Anstieg der Aufnahmen macht deutlich, über welch außergewöhnliches Organisationstalent Maria verfügte. Ihre adlige Herkunft war ihr bei der Reorganisation des ihr nun anvertrauten Klosters nützlich, um die nötige finanzielle Unterstützung bei reichen Adligen und Fabrikbesitzern zu erlangen. Sie verfügte zudem über ein ausgezeichnetes Kommunikationstalent. Sie scheute nicht den Kontakt zu Behörden, Fabrikbesitzern und Bischöfen, um den ihr anvertrauten Jugendlichen eine Perspektive zu ermöglichen. So gelang es ihr immer wieder, jungen Frauen ein selbstständiges Leben nach dem Klosteraufenthalt zu ermöglichen.

Hierbei verfolgte sie einen ganzheitlichen Ansatz: Auf der einen

Seite war sie sehr engagiert in der Vermittlung der Glaubensinhalte. Den Jugendlichen sollte zunächst die geistige und geistliche Nahrung vermittelt werden, damit sie Ansporn erhalten, ihr Leben neu in und mit Christus zu gestalten. Auf der anderen Seite war ihr aber auch ganz klar, dass die materielle Lebensgrundlage gesichert werden muss, damit diese Menschen überhaupt ein würdiges Leben führen können. Maria war hier ganz realistisch. Ihr Sprechzimmer im Kloster wurde zu einer wahren Stätte des Apostolates. Viele Hilfesuchende der Großstadt fanden bei ihr Hilfe, sei es durch Almosen, geduldiges Zuhören und durch das Gebet. Schnell sprach sich in Porto herum, dass die deutsche Gräfin im Guten-Hirten-Kloster ein Engel der Armen sei. Da kommt einem die Parallele zu Mutter Teresa von Kalkutta in den Sinn!

Wenn man auf die Sorge unserer Seligen um die randständigen Menschen blickt, wird man unweigerlich an den Apell von Papst Franziskus erinnert, sich als Kirche an die Ränder der Gesellschaft zu begeben: „Mir ist eine verbeulte Kirche, die verletzt und beschmutzt ist, weil sie auf die Straßen hinausgegangen ist, lieber als eine Kirche, die aufgrund ihrer Verschlossenheit und ihrer Bequemlichkeit, sich an die eigenen Sicherheiten zu klammern, krank ist."[22] Maria hatte den Mut, an die Ränder zu gehen. Die Liebe zum Herzen Jesu drängte sie dazu, so wie der gute Hirte dem Verlorenen nachzugehen. Wenn man so will, ist diese Glaubensgestalt ein Paradebeispiel für das

---

[22] *Papst Franziskus*, Die Freude des Evangeliums – Das Apostolische Schreiben „Evangelii gaudium" über die Verkündigung des Evangeliums in der Welt von heute, Freiburg im Breisgau 2013, Nr. 49, fortan zit. mit dem Kürzel *EG*. Vgl. hierzu auch *EG*, Nr. 20: „Jeder Christ und jede Gemeinschaft soll unterscheiden, welches der Weg ist, den der Herr verlangt, doch alle sind aufgefordert, diesen Ruf anzunehmen: hinauszugehen aus der eigenen Bequemlichkeit und den Mut zu haben, alle Randgebiete zu erreichen, die das Licht des Evangeliums brauchen."

kirchliche Handeln, welches Papst Franziskus zu Recht einfordert. Letztlich ist dies nämlich *die* „Strategie" der Evangelisierung, die Jesus Christus selber mit seinem Beispiel vorgibt: „Nicht die Gesunden brauchen den Arzt, sondern die Kranken! Darum lernt, was es heißt: Barmherzigkeit will ich, nicht Opfer. Denn ich bin gekommen, um die Sünder zu rufen, nicht die Gerechten" (vgl. Mt 9,12f.). Der Herr selbst ermahnt seine Kirche, Barmherzigkeit zu üben! Nur so kann es gelingen, die Umkehr der Sünder zu bewirken. In dieser Logik des Evangeliums war Maria Droste tief mit ihrem Leben verwurzelt.

Maria gibt als Oberin den „Takt" an.

Aber nicht nur die Seelsorge und Pädagogik bestimmte den Alltag der Oberin. Ein weiteres Anliegen war es, das geistlich völlig heruntergekommene Kloster wieder zum Ordensideal zurückzuführen. Hier kam ihr das Durchsetzungsvermögen nach der Art eines westfälischen

Dickkopfes natürlich zu Gute. Die Mitschwestern waren anfänglich entsetzt über die nun einkehrende Strenge. Die Schwestern ließen sich allerdings durch das Vorbild der Seligen anspornen, ihr Leben zu ändern. Die Saat ihres guten Beispiels ging auch hier wieder auf. Wir werden im zweiten Teil noch näher betrachten, welch geistliches Potential die Selige in die Schwesterngemeinschaft einbringen konnte.

Ab 1896 verschlimmert sich ihr Gesundheitszustand zunehmend. Nun beginnt der Weg ihrer Passion. Die Diagnose: fortschreitende Rückenmarksentzündung mit der Zerstörung der Nervenbahnen, Lähmungserscheinungen, Schwäche und Appetitlosigkeit. Es beginnt für Maria ein qualvoller Weg. Die so agile Ordensoberin voller Tatendrang wird an das Krankenlager gebunden. Doch auch in dieser Lebensphase lässt sie von ihrem Apostolat nicht ab. Zudem gelangt sie nun zur vertieften mystischen Begegnung mit dem Herzen Jesu. Wiederholt erfährt Maria im Gebet vom Herrn die Aufforderung, dem Papst die Bitte der Weltweihe an das Herz Jesu vorzutragen. Sie entsprach in tiefem Glaubensgehorsam dieser Eingebung. Maria erfuhr am 25. Mai 1899 noch die Veröffentlichung der Enzyklika Leos XIII. *„Annum sacrum"* mit der Anordnung der Weltweihe an das Heiligste Herz Jesu. Am 8. Juni 1899 starb Maria während der ersten Vesper zum Herz-Jesu-Hochfest gegen 15 Uhr, der Todesstunde Jesu. Ganz im Zeichen der göttlichen Vorsehung, wie ihr Lebensbeginn (Fest Mariä Geburt) ist auch der Termin ihres Hinscheidens. Zur Todesstunde Christi am Vorabend des Herz-Jesu-Festes ging unsere Selige heim zum Vater. Die göttliche Vorsehung bestätigt schon durch die Wahl dieser Termine das Besondere, welches Maria in ihrem Leben erfahren durfte: die mystische Verbindung mit ihrem Bräutigam Jesus Christus. Wenn man mit gläubigem Herzen diese Zusammenhänge betrachtet, kommt man nicht umhin, hierin die göttliche Vorsehung zu erblicken. Zudem fällt eine interessante Parallele zum hl. Johannes Paul II. auf: Dieser ist an dem anderen großen Festtag des Herzens Jesu, nämlich am Vorabend des Barmherzigkeitssonntags 2005, von Gott in die Ewigkeit abberufen worden. Es möchte so scheinen, dass Gott das Lebenswerk dieser Seligen und dieses Heiligen mit dem Tag des Sterbens auf besondere Weise vor den Augen der Kirche bestätigen wollte! Beide werden nunmehr vereint im Himmel das Herz Jesu anbeten und sich auf ewig an der Barmherzigkeit Gottes in Jesus Christus erfreuen.

Zu den Ehren der Altäre

Kurz nach ihrem Tod setzte in Porto eine große Verehrung der Seligen ein. Bereits in den Zwanzigerjahren des 20. Jahrhunderts begann der Informativprozess in Porto, Angers und Münster. Am 12.12.1936 wurde der Sarg der Schwester in die neue Grabkapelle übertragen. Am 06.06.1942 wurde der apostolische Prozess eröffnet. Bei der Sargöffnung am 10.11.1944 stellte man fest, dass der Leichnam der Seligen unversehrt geblieben war. Am 13.02.1964 erfolgte das Dekret über die Anerkennung des heroischen Tugendgrades. Schließlich sprach Papst Paul VI. am Allerheiligentag 1975 Schwester Maria vom Göttlichen Herzen selig.

Das Heiligsprechungsverfahren ist derzeit in Rom bei der Kongregation für Heilig- und Seligsprechungen anhängig. Der Orden der Seligen und die portugiesischen Bischöfe setzen sich seit Jahren für die Heiligsprechung der Seligen ein. Inzwischen konnte auch der dafür erforderliche Wunderprozess auf diözesaner Ebene abgeschlossen werden. In New York soll eine Frau durch ein Wunder geheilt worden sein. Nach Darstellung des Ordens war sie am 15. Februar 2011 mit einer Lungenerkrankung dem Tode nahe. Ihr Sohn soll mit einer Reliquie der Maria Droste zum Krankenhaus geeilt sein und ihr diese in die Hand gelegt haben. Die beiden hätten zusammen gebetet. Dabei sei die Hand der kranken Frau mit der Reliquie extrem heiß geworden. Die Kranke habe andauernd die Worte „weiße Schwester" wiederholt. Daraufhin habe sich ihr körperlicher Zustand zusehends verbessert. Die Ärzte könnten nicht erklären, was passiert war.[23] Es bleibt abzuwarten, ob dieses Wunder von der zuständigen Kongregation anerkannt wird und der Papst den Entschluss fasst, die selige Maria Droste heiligzusprechen.

Das größte Wunder ist jedenfalls ihr Lebenszeugnis! Trotz vieler Widerstände war Maria ganz offen für das gnadenhafte Erwählungshandeln Gottes. Sie hat sich ganz vom Herrn in den Dienst nehmen lassen und hat so viel Frucht für die Kirche und die Welt gebracht.

---

[23] Zit. nach ULR. Vgl. hierzu den Artikel http://www.wn.de/Muensterland/2013/06/ Tribunal-wird-20-Zeugen-anhoeren-Moegliche-Heiligsprechung-von-Maria-Droste-rueckt-naeher.

Die Frömmigkeit der seligen Maria Droste zu Vischering

Wenden wir uns nun dem Zentrum unserer Überlegungen zu. Es soll im Folgenden der Versuch unternommen werden, die wesentlichen Inhalte der Frömmigkeit unserer Seligen zu beschreiben. Hierbei soll Maria möglichst häufig selbst zu Wort kommen. Damit die Einbindung dieser Inhalte in das Glaubensgut der Kirche deutlich wird, soll immer wieder auf den Katechismus der Katholischen Kirche (*KKK*)[24] in der aktuellen Fassung aus dem Jahr 2005 Bezug genommen werden. Dadurch wird deutlich, dass die Frömmigkeit der Droste bis heute aktuell ist und wir uns hier nicht auf überkommene Spuren begeben. Auch Papst Franziskus hat in seiner Programmschrift „Evangelii Gaudium" eindringlich davor gewarnt, dass die Kirche nicht die Gestalt eines „Museumsstücks" annehmen darf.[25] Der Glaube muss immer, in aller Kontinuität zur Tradition, mit dem Bezug zur Gegenwart gelebt werden. Nur dann kann er seine missionarische Strahlkraft auch bei denen entfalten, die der Botschaft Jesu fernstehen. Auch für unsere heutige kirchliche Praxis vermag Maria Droste Anstöße zu geben, wie wir unser Augenmerk auf die zentralen Inhalte unseres Glaubens richten können. In einer Zeit der von vielen oft beschworenen Kirchen- und Glaubenskrise ist es sicher ratsam, sich nicht in Selbstmitleid zu verlieren, sondern mit Hoffnung auf die Vorbilder zu schauen, die uns Wege aufzeigen, auf denen wir mit Freude unseren Glauben leben können. Bevor wir uns den einzelnen Inhalten der Frömmigkeit der

---

[24] *Katechismus der Katholischen Kirche*: Neuübersetzung aufgrund der Editio typica Latina, München 2005.
[25] Vgl. *EG*, Nr. 95.

seligen Maria zuwenden, muss zunächst kurz der Frage nachgegangen werden, wie hier der Begriff der Frömmigkeit verstanden wird.

Frömmigkeit und Volksfrömmigkeit als Mittel der Evangelisierung

In den letzten Jahrzehnten wurde der Begriff der Frömmigkeit weitgehend gemieden und durch den Begriff der Spiritualität ersetzt. Hintergrund ist sicherlich die Engführung des Begriffes „Frömmigkeit" im 19. Jahrhundert, in dem dieser Begriff auf das Innenleben der einzelnen Seele mit Gott – nach dem Motto „Rette deine Seele!" – beschränkt worden ist.[26]

Der Begriff der Frömmigkeit hat aber eine weit über den einzelnen Christen hinausgehende Bedeutung, wenn wir den Blick auf das Phänomen der Volksfrömmigkeit[27] richten. Diese ist „ein authentischer Ausdruck des spontanen missionarischen Handelns des Gottesvolkes (…). In der Volksfrömmigkeit kann man die Weise erfassen, in der der empfangene Glaube in einer Kultur Gestalt angenommen hat und ständig weitergegeben wird."[28] Gerade hier können wir erkennen, wie in einfachen Gesten, Gebräuchen und symbolhaften Handlungen die Glaubensinhalte zum Ausdruck gebracht werden. Papst Franziskus erblickt in der Volksfrömmigkeit den legitimen Ausdruck eines gottgefälligen Lebens, welcher, beseelt vom Wirken des Heiligen Geistes, in unsere Herzen eingegossen ist.[29] Vor diesem Hintergrund

---

[26] Zur Begriffsklärung und -abgrenzung „Frömmigkeit und Spiritualität" vgl. den guten Überblick bei *G. Greshake*, Selig, die nach Gerechtigkeit dürsten. Hildegard Burjan, Leben – Werk – Spiritualität, Innsbruck 2008, S. 59–61.

[27] Vgl. hierzu auch den *KKK*, Nr. 1674–1679.

[28] Vgl. *EG,* Nr. 122f. *Papst Franziskus* widmet in seinem Apostolischen Schreiben „Evangelii gaudium" einen eigenen Abschnitt dieser Thematik unter dem Titel „Die evangelisierende Kraft der Volksfrömmigkeit", vgl. ebd., Nr. 122–126.

[29] Vgl. ebd., Nr. 125.

ist der Begriff der Frömmigkeit wieder salonfähig. Gerade den Ausdrucksformen der Volksfrömmigkeit kommt eine tief prägende Kraft zu. Über Generationen hinweg haben die Menschen gerade hier mit dem Herzen Traditionen bewahrt, weil sie den Menschen in seiner Ganzheit, mit Leib und Seele, ansprechen. Und genau an dieser Stelle setzt die evangelisierende Kraft der Volksfrömmigkeit an. Man denke nur an den Wallfahrtsboom der letzten Jahre. Wie viele randständige Menschen haben hier einen Impuls erfahren, sich wieder neu mit den Fragen über Gott und Glauben auseinanderzusetzen!°

Marias Frömmigkeit ist tief geprägt vom münsterländischen Katholizismus des 19. Jahrhunderts. Die Facetten ihrer Frömmigkeit sind nicht ihr Besitz. Maria nimmt teil an einer Frömmigkeitsbewegung, die die Kirche ihrer Heimat zutiefst bis in die heutige Zeit geprägt hat. Manches mag uns heute überholt vorkommen. Insbesondere ist die Sprache und die Bildwelt eine andere geworden. Trotzdem verdienen auch diese Ausdrucksformen lebendigen Glaubens, die uns auch heute noch etwas zu sagen haben, unseren Respekt.

Herz-Jesu-Verehrung

Die Verehrung des Herzens Jesu ist das „Markenzeichen"[30] der Frömmigkeit unserer Seligen. Im Herzen Jesu sieht sie das Zentrum ihres geistlichen Lebens. Grund hierfür ist der Umstand, dass gerade im Herzen Jesu offenbar wird, was es heißt, an einen barmherzigen Gott zu glauben. Gott hat sein Herz bei den Armen. Dies ist der Kernpunkt ihres Lebens. Dementsprechend wollte sie auch bei den Armen

---

[30] Vgl. hierzu auch *M. Büning*, Das Herz Jesu als Weg zum Reich Gottes – Leben und Spiritualität der seligen Schwester Maria vom Göttlichen Herzen Droste zu Vischering, in: *R. Dörner* (Hg.), „Suchet zuerst das Reich Gottes" (Mt 6,33), Norderstedt 2013, S. 52–71.

und Ausgestoßenen sein, um durch ihr Lebenszeugnis den Menschen klarzumachen, dass Gott ein Herz für die Menschen hat. Im *KKK* hören wir zur Herz-Jesu-Verehrung in Nr. 478: „Jesus hat während seines Lebens, seiner Todesangst am Ölberg und seines Leidens uns alle und jeden Einzelnen gekannt und geliebt und sich für jeden von uns hingegeben: Der ‚Sohn Gottes' hat ‚mich geliebt und sich für mich hingegeben' (Gal 2,20). Er hat uns alle mit einem menschlichen Herzen geliebt. Aus diesem Grund wird das heiligste Herz Jesu, das durch unsere Sünden und um unseres Heiles willen durchbohrt wurde, ‚als vorzügliches Kennzeichen und Symbol für jene Liebe ... angesehen, mit der der göttliche Erlöser den ewigen Vater und alle Menschen beständig liebt' (...)."

Wunderbar verortet der Katechismus die Herz-Jesu-Verehrung[31] im Erlösungsgeschehen von Ölberg und Golgota. Die Hingabe Jesu am Kreuz ist der Höhepunkt der Liebe des Erlöserherzens zur ganzen Welt. Auch Papst Franziskus hat zu Beginn seines Pontifikates in mehreren Ansprachen unser Augenmerk auf das Heiligste Herz Jesu gerichtet. Als Beispiel seien Worte des Papstes aus der Predigt angeführt, die er am Barmherzigkeitssonntag 2013 in der Lateranbasilika gehalten hat: „Gerade in den Wunden Jesu sind wir sicher, dort zeigt sich die unermessliche Liebe seines Herzen. (...) Das ist wichtig: der Mut, mich der Barmherzigkeit Jesu anzuvertrauen, auf seine Geduld zu zählen, immer Zuflucht in den Wunden seiner Liebe zu nehmen."[32] Genau dies ist auch die Motivation, weshalb die selige Maria den da-

---

[31] Einen guten Überblick über die Frömmigkeitsgeschichte der Herz-Jesu-Verehrung findet sich bei *W. Kasper*, Barmherzigkeit. Grundbegriffe des Evangeliums – Schlüssel christlichen Lebens, Freiburg im Breisgau 2012, S. 116-121.
[32] Zitiert aus: *Papst Franziskus*, Christus ist auferstanden. Ermutigende Gedanken für die Fasten- und Osterzeit, Leipzig (ohne Jahresangabe), S. 69f.

maligen Papst dazu aufforderte, die Welt dem Herzen Jeus zu weihen. Sie wollte, dass alle Menschen ihre Zuflucht im Herzen Jesu nehmen. Nur hier können wir, mit all unseren Ängsten, Nöten und Sorgen, wieder zur Ruhe kommen (vgl. Mt 11,28).

Braut des göttlichen Herzens
Die Zeit vor ihrem Klostereintritt kann man bildlich gesprochen als ihre Verlobungszeit mit dem göttlichen Herzen bezeichnen. Ein von ihr beschriebenes Ereignis aus dem Februar 1884 vermag diese Lebensphase eindringlich zu charakterisieren:

> *„Ich wohnte zwei Bällen bei. Meine Eltern verpflichteten mich nicht dazu; aber da ich nicht auffällig erscheinen wollte, tat ich es mit Gutheißung meines Seelenführers. Indessen selbst bei dieser Gelegenheit verlor ich die Vereinigung mit meinem Göttlichen Bräutigam nicht. Während des Tanzes dachte ich an ihn und fühlte ihn gegenwärtig. Es schien mir, dass ich von allen Mädchen das glücklichste war; denn keines hatte einen Bräutigam wie ich. Aber da ich keine Lust hatte, noch mehr Bälle mitzumachen, und da das vierzigstündige Gebet in der Pfarrkirche zu Darfeld nahe war und ich nicht des Glückes beraubt sein wollte, den Altar zum Feste zu schmücken, bat ich den Herrn, mir eine Erkältung zu schicken. Er tat es, und meine Schwester ging allein zum Balle, und als meine Eltern mit ihr zurückkehrten, war der Altar bereits fertig geschmückt.“*[33]

Bereits zu diesem Zeitpunkt bezeichnet Maria den Herrn als ihren „Göttlichen Bräutigam". Die gesellschaftlichen Verpflichtungen als Komtess, die dazu noch sehr ansehnlich war, waren ihr bereits zuwi-

---

[33] *Chasle*, S. 39f.

der. Ihre Sehnsucht zielte ganz auf den eucharistischen Herrn, dem sie in der Pfarrkirche zu Darfeld die Ehre erweisen wollte. Am 20. Juni desselben Jahres geschah an Maria in der Schlosskapelle zu Darfeld ein Gnadenhandeln Gottes, welches kaum mit menschlichen Worten zu fassen ist. Hören wir sie wieder selbst:

„Ich betete in der Kapelle am Morgen des Herz-Jesu-Festes vor jenem Bild, das ich schon als Kind so sehr liebte. (...) Das allerheiligste Sakrament war ausgesetzt. Das Herz-Jesu-Bild inmitten von Blumen und Kerzen stand so nahe am Altare an der Evangelienseite, dass ich, wenn ich vor diesem Bilde betete, mit demselben Blicke auch die heilige Hostie in der Monstranz sah. Ich sage dieses, weil ich ja schon anfangs erklärte, dass ich niemals das heiligste Herz Jesu von der heiligen Eucharistie trennen konnte; denn hier ist wahrhaftig jenes heiligste Herz gegenwärtig als Teil des kostbaren Leibes des Herrn. Das Bild stellte den leiblichen Augen dar, was der Glaube den Augen der Seele zeigte, und mein Herz war entzündet von den Flammen der göttlichen Liebe. (...) Ich hatte soeben kommuniziert und war aufs Innigste vereint mit dem Herrn und außer mir von den Wonnen seines heiligsten Herzens, als er mir sagte, nicht mit einer Stimme, die in meinem Ohren wiederhallte, sondern mit jener inneren Stimme, die ich damals noch nicht kannte und die mir heute so vertraut ist: Du sollst eine Braut meines Herzens sein. Ich kann nicht sagen, was ich fühlte, ich war ganz bestürzt, vernichtet und beschämt und zugleich überflutet von den Strömen seiner Liebe. Welch glückselige Augenblicke! Eine Braut seines Herzens – aber wie? wann? – und ich, so arm, so elend! O mein Heiland, du allein weißt, was sich zutrug zwischen uns, und keiner wird es jemals verstehen! (...) Mit jenem Herz-Jesu-Feste begann für mich ein neues Leben, ein Leben, welches schon ein wenig der Seligkeit des Himmels glich, weil ich denjenigen in meinem Herzen hatte, der die Wonne der Engel und Heiligen ist.“[34]

---

[34] Ebd., S. 40f.

Dieses Ereignis in der Darfelder Schlosskapelle ist für Maria *der* Wendepunkt in ihrem Leben. Von nun an war sie sich gewiss, von Christus besonders erwählt zu sein. Sie ist durch diese Begegnung mit Christus zur *sponsa cordis Domini*, zur Braut des Herzens Jesu, geworden. Maria Droste vernimmt innerlich die Stimme des Herrn, der ihr zusagt: „Du sollst die Braut meines Herzens sein!" Hier begegnen wir einem Phänomen, welches in der Theologie „Privatoffenbarung" genannt wird. Es würde an dieser Stelle zu weit gehen, sich näher mit diesem Begriff auseinanderzusetzen. Es soll uns hier genügen, was der Katechismus der Katholischen Kirche dazu sagt: „Im Laufe der Jahrhunderte gab es so genannte Privatoffenbarungen, von denen einige durch die kirchliche Autorität anerkannt wurden. Sie gehören nicht zum Glaubensgut. Sie sind nicht dazu da, die endgültige Offenbarung Christi zu vervollkommnen oder zu vervollständigen, sondern sollen helfen, in einem bestimmten Zeitalter tiefer aus ihr zu leben."[35]

Genau dieses Phänomen begegnet uns hier: Maria Droste soll die Braut des Herzens Jesu sein. Der Imperativ Gottes ist hier unverkennbar. Es handelt sich nicht um eine neue Behauptung, sondern um einen Inhalt, der sowohl in der Heiligen Schrift als auch in der Tradition der Kirche ihren Rückhalt findet. Bereits im Hohenlied Salomos des Alten Bundes klingt die Brautmystik an. Jesus Christus nimmt dieses Bild an vielen Stellen des Evangeliums auf, wenn er vom „Hochzeitsmahl" spricht. Gerade in der Tradition der Herz-Jesu-Mystik begegnet uns immer wieder dieses Bild (so bei Gertrud von Helfta, Bernhard von Clairvaux, Maria Margareta Alacoque usw.). Die Kirche in ihrer Gesamtheit ist erwählt zur Braut Christi. Jeder Getaufte ist zu dieser Christusbeziehung berufen. Hier wird letzt-

---

[35] *KKK*, Nr. 67.

lich an einer Gestalt konkret deutlich gemacht, was unser aller Berufung ist. Insofern drücken Privatoffenbarungen nichts Neues aus. Und schließlich bekommt die Empfängerin der Privatoffenbarung in der konkreten geschichtlichen Situation einen Befehl, den sie in dieser Stunde der Kirche umzusetzen hat. Sie soll mit ihrem Leben ein Zeugnis für die Notwendigkeit der Herz-Jesu-Verehrung ablegen. Dieser Auftrag geht so weit, dass sie sich in der Pflicht sieht, den Papst um die Weihe der Welt an das Herz Jesu zu bitten. Davon werden wir später noch Genaueres hören.

Verehrung des Herz-Jesu-Bildes als Ausdrucksform der Volksfrömmigkeit

Die Herz-Jesu-Statue, vor der Maria diese geheimnisvolle Eingebung erlebt hat, steht noch heute in der Darfelder Schlosskapelle. Sie ist klassisch im Nazarenerstil gefertigt. Jesus zeigt mit der linken Hand auf sein Herz, welchem die Flamme seiner Liebe entspringt. Aus der Liebesflamme steigt das Kreuz als Zeichen seiner Opferliebe empor. Seine rechte Hand hält er geöffnet dem Betrachter entgegen, wobei sein Blick voller Mitleid diesen anschaut. Diese Art der Darstellung geht zurück auf die Visionen der hl. Margareta Maria Alacoque. Heute wird diese Art der Darstellung oft vorschnell als Kitsch abgetan, obwohl diesem Bild seit Jahrhunderten eine große Bedeutung innerhalb der Volksfrömmigkeit zukommt. Manche sagen dennoch: „Die Herz Jesu Verehrung hat durch die verkitschte Darstellung des Herzens Jesu uns zu einer sentimentalen Frömmigkeit verführt, mit der sich der heutige Mensch sehr schwertut."[36]

---

[36] Zit. nach: ULR http://www.steyler.eu/svd/seelsorge/anregung/artikel/2008/mai-herz-jesu-predigt.php.

Detail aus der Herz-Jesu-Statue der Seligen aus Porto

Offensichtlich haben wir in unserer Kirche inzwischen ein Problem mit unserer Bildtradition, insbesondere mit dem klassischen Herz-Jesu-Bild. Wie viele Bilder dieser Art sind nach dem Konzil dem Bildersturm zum Opfer gefallen? Wie viel Trost haben solche Bilder demgegenüber Generationen von Gläubigen vermittelt? Gerade Kinder, dies ist meine Erfahrung als Vater, können sehr wohl mit dieser Art der Herz-Jesu-Darstellung etwas anfangen! Hier kommt einem unweigerlich der messianische Jubelruf in den Sinn: „Ich preise dich, Vater, Herr des Himmels und der Erde, weil du all das den Weisen und Klugen verborgen, den Unmündigen aber offenbart hast" (Mt 11,25).

Der Herr selbst hat sich in dieser bildhaften Weise der hl. Margareta Maria Alacoque offenbart und ihr folgende Verheißung mitgegeben: „Ich werde die Häuser segnen, in denen das Bild meines heiligsten Herzens aufgestellt und verehrt wird."[37]

Vor diesem Hintergrund ist es bedauerlich, dass seit einigen Jahrzehnten ein mitunter hysterischer Kampf gegen diese Art der Darstellung geführt wird. Wie viele Früchte hat die Betrachtung solcher Herz-Jesu-Bilder gebracht? Eine haben wir mit dieser Episode der seligen Maria Droste eindrucksvoll vor Augen geführt bekommen. Auch die allgemeine Lebenserfahrung zeigt, dass die Menschen heute noch etwas mit dem Herzsymbol anfangen können. Unter Verliebten spielt dieses doch nach wie vor eine herausragende Rolle. Wieso dann nicht auch bei dem, der uns über alles liebt?

Es ist zu hoffen, dass das traditionelle Herz-Jesu-Bild auch in unseren Kirchen eine Renaissance erfährt. Jedenfalls hat die Ausgestaltung einiger Gotteshäuser aus neuerer Zeit, die mitunter in ihrer Bild- und Schmucklosigkeit eher Gefängnissen oder Fabriken ähneln, nicht unbedingt dazu beigetragen, dass die Frömmigkeit der Menschen gefördert worden ist. Hören wir an dieser Stelle auch auf den Weltkatechismus, der eindringlich den Wert der Bilderverehrung unter Berufung auf die gesamte kirchliche Tradition wie folgt würdigt:

„Unter Berufung auf das Mysterium des fleischgewordenen Wortes hat das siebte Ökumenische Konzil in Nizäa im Jahr 787 die Ver-

---

[37] Zit. nach *P.-H. Schmidt*, Die Botin des Herzens Jesu. Heilige Margareta Maria Alacoque, Hauteville (CH) 1990, S. 120.

ehrung der Ikonen, die Christus oder auch die Gottesmutter, Engel und Heilige darstellen, gegen die Ikonoklasten verteidigt. Durch seine Menschwerdung hat der Sohn Gottes eine neue Bilder-Ökonomie eröffnet. Die christliche Bilderverehrung widerspricht nicht dem ersten Gebot, das Götzenbilder verbietet. Denn die Ehre, die wir einem Bild erweisen, geht über auf das Urbild (…), und wer das Bild verehrt, verehrt in ihm die Person des darin Abgebildeten (…). Die Ehre, die wir den heiligen Bildern erweisen, ist eine ehrfürchtige Verehrung, keine Anbetung; diese steht allein Gott zu."[38] Das Bild ist eine Zugangshilfe für das, was der Glaube auf unsichtbare Weise unserer Seele zeigt. Möge wieder in vielen katholischen Häusern diese Ausdrucksform der Volksfrömmigkeit, das Bild des Herzens Jesu, Mittelpunkt der Familien sein. Papst Franziskus räumt der evangelisierenden Kraft der Volksfrömmigkeit einen hohen Stellenwert ein und bemerkt dazu wie folgt: „Ich denke an den festen Glauben jener Mütter am Krankenbett des Sohnes, die sich an einen Rosenkranz klammern, auch wenn sie die Sätze des *Credo* nicht zusammenbringen; oder an den enormen Gehalt an Hoffnung, der sich mit einer Kerze verbreitet, die in einer bescheidenen Wohnung angezündet wird, um Maria um Hilfe zu bitten; oder an jenen von tiefer Liebe erfüllten Blick auf den gekreuzigten Christus. Wer das heilige gläubige Volk Gottes liebt, kann diese Handlungen nicht einzig als eine natürliche Suche des Göttlichen ansehen. Sie sind Ausdruck eines gottgefälligen Lebens, beseelt vom Wirken des Heiligen Geistes, der in unseren Herzen eingegossen ist (vgl. *Röm* 5,5)."[39] Diese klaren Worte mahnen uns eindringlich, nicht mit Arroganz auf die sich in der Geschichte des Gottesvolkes

---

[38] *KKK*, Nr. 2131f..
[39] *EG,* Nr. 125.

herausgebildeten Ausdrucksformen der Volksfrömmigkeit herabzuschauen. Möge dieser Apell des Papstes dazu beitragen, wieder mit mehr Respekt auf die praktizierte Volksfrömmigkeit zu schauen, in welcher gerade auch der Verehrung des klassischen Herz-Jesu-Bildes eine herausragende Bedeutung zukommt.

Künderin der Herz-Jesu-Verehrung

Wir machen chronologisch einen großen Sprung und befinden uns nunmehr im Jahr 1895. Inzwischen war unsere Selige Oberin im Hause ihrer Kongregation in Porto geworden. Gleich nach ihrem Amtsantritt im Jahre 1894 stellte sie eine Herz-Jesu-Statue über dem Altar auf und bat das Göttliche Herz, als Herr und Meister im Haus zu herrschen und zu gebieten. Auch führte sie die Ehrenwache des Göttlichen Herzens ein. Aus dieser Zeit ist uns eine Rede der Oberin erhalten, die sie anlässlich des Herz-Jesu-Monats Juni im Jahr 1895 vor ihren Schwestern gehalten hat. Hier legt sie mit theologischer Präzision den Gegenstand der Andacht zum Herzen Jesu dar sowie die Art und Weise, diese praktisch zu üben. Hören wir sie wieder im Originalton:

> Gegenstand unserer Andacht ist *„das von Liebe zu uns erfüllte heiligste Herz Jesu. Indem unser lieber Heiland sich mit der menschlichen Natur vereinigte, hat er auch ein menschliches Herz angenommen. Die mit der göttlichen Natur vereinigte menschliche Natur ist der Gegenstand unserer Anbetung ebenso wie jeder Teil seines anbetungswürdigen Leibes. Wir beten an und verehren also sein heiligstes Herz, dieses leibliche Herz, welches dreiunddreißig Jahre für uns geschlagen hat. Und weil das Herz in besonderer Weise das Organ der Liebe ist, verehren wir in der Andacht zu dem heiligsten Herzen Jesu die unendliche Liebe, in welcher es für*

uns glühte. Er selbst hat zu der Seligen gesagt, dass sein Herz nichts unversucht ließ, um seine Liebe zu den Menschen zu beweisen. "[40]

In klarer Kenntnis der christologischen Glaubenssätze der Konzilien von Nicäa und Chalcedon beschreibt die Droste den Gegenstand der Herz-Jesu-Verehrung. Das Herz des Gottmenschen Jesus Christus wird in seiner Eigenschaft als Organ der Liebe herausgestellt, welches keine andere Funktion hatte, als sich *pro nobis* (für uns) mit seiner Liebe verzehren zu lassen. Die Herz-Jesu-Verehrung will genau an diesem Punkt der gottmenschlichen Erlöserliebe in Dankbarkeit durch Anbetung anknüpfen. Der Herr selbst hat in seiner Offenbarung an die hl. Margareta Maria Alacoque sein Herz geoffenbart als Beweis für seine Liebestätigkeit an der ganzen Menschheit. Die selige Maria knüpft ganz bewusst an diese Herz-Jesu-Überlieferung an. Nach dieser grundsätzlichen Umschreibung des Verehrungsgegenstandes geht sie nun auf die praktischen Aspekte des Kultes ein. Hierbei wird deutlich, dass sie auch die psychischen Grundgegebenheiten der menschlichen Natur auf einfühlsame Weise in den Blick nimmt:

> *„Das Erste, was wir zu tun haben, ist, dass wir trachten, dies anbetungswürdige Herz, diesen Glutofen der Liebe, dieses Meer der Barmherzigkeit immer besser kennen zu lernen. Indem wir uns diesem Feuerbrande nähern, werden wir unsere Herzen sich in Liebe entflammen fühlen; denn wer könnte angesichts solcher Güte und Liebe kalt und unempfindlich bleiben?"*[41]

---

[40] *Chasle*, S. 117. Gemeint ist hier mit dem Begriff „der Seligen" die *hl. Margareta Maria Alacoque*. Auch hier wird wiederum deutlich, dass Maria sich ganz in die bisherige Tradition stellt.
[41] Ebd., S. 117f.

Hier hat die selige Maria das „Ursache-Wirkung-Prinzip" im Blick. Mensch, setze dich diesem Liebesbrand aus, dann wirst auch du Feuer nehmen! In ihrer Tätigkeit in Porto erfuhr sie viel über die Gefühlskälte und Not der Menschen. Insbesondere bei ihrem Einsatz für die jungen Frauen der portugiesischen Hafenstadt, die sich aus materieller Not für Geld fremden Männern hingaben, sah sie konkret die Auswirkung dieser Gefühlskälte und Lieblosigkeit. Die Betrachtung des Herzens Jesu ist vor diesem Hintergrund gleichsam die Lösung all dieser Probleme. Der, der sich der Liebe des Erlösers aussetzt, kann nicht mehr so weitermachen wie bisher. Der muss sein Leben ändern, da er sich von der Liebe des Erlösers anstecken lässt. Hier wird die Herz-Jesu-Verehrung ganz praktisch. Maria fährt nunmehr fort, das Liebeshandeln Jesu genauer zu umschreiben:

> *„Er hat uns geliebt, indem er sich für uns dahingab. Er hat alles für uns geopfert. Sein ganzes Leben war unserem Heile geweiht, und noch nach seinem Tode ließ er sein anbetungswürdiges Herz eröffnen, damit wir eine Stätte des Heils und der Ruhe fänden. Und was soll man sagen von der Einsetzung des allerheiligsten Altarssakramentes? Keine menschliche Zunge ist ja imstande, die Tiefe dieses unaussprechlichen Liebesgeheimnisses zu schildern."[42]*

Hier wird der Blick auf den Opfertod des Herrn gelenkt, auf das geöffnete Herz Jesu am Kreuz als Quellort der Sakramente, insbesondere der Eucharistie. Nur dort ist der Ort, wo wir zur Ruhe kommen können. Welch eine Tiefe der Betrachtung! Sie erinnert an einen Gebetsausruf des hl. Augustinus, dass unser Herz unruhig ist, bis es Ruhe findet in Gott. Angesichts dieser großen Erlöserliebe fordert die

---

[42] Ebd., S. 118.

Droste nunmehr ihre Schwesterngemeinschaft und letztlich auch uns auf, diese Liebe mit unserer Gegenliebe zu erwidern:

> *„Fragen wir uns oftmals, ob wir nicht träge sind in seinem Dienste, ob wir nicht Fehler begehen, ob wir es nicht mangeln lassen an jener Großmut, die ja der einzige Beweis unserer Gegenliebe ist."*[43]

Jetzt wird ganz klar, dass die Herz-Jesu-Verehrung praktische Konsequenzen in unserem Leben hat. Mit der bloßen Betrachtung des Herzens Jesu ist es nicht getan. Jetzt müssen wir mit unserem Streben diese Liebe erwidern. Die Droste entfaltet nun in ihrer Rede einen Gewissensspiegel, der helfen soll, um sich zu vergewissern, wie es ganz konkret mit dieser Erwiderung der Liebe aussieht:

> *„Lässt mich mein Mangel an Großmut in so viele Fehler fallen? Es gebricht so oft an Eifer und Treue in den geistlichen Übungen, weil man sich nicht entschließen kann, ihnen alle erforderliche Aufmerksamkeit zuzuwenden. Es fehlt am Gehorsame, weil es uns etwas kostet, den Eigenwillen zu unterwerfen. Es fehlt an Offenheit, Einfalt, Selbstanklage, weil man eine kleine Verdemütigung fürchtet, und doch wird man ohne Verdemütigung niemals demütig, und ohne Demut gibt es keine wahre, echte Tugend."*[44]

Treue im Gebet und der Aufruf zur Demut sind also die Grundhaltungen, die es uns ermöglichen, dem Herzen Jesu Gegenliebe zu erweisen. Hier wird man an den Heilandsruf aus Mt 11,28f. erinnert: „Kommt alle zu mir, die ihr euch plagt und schwere Lasten zu tragen habt. Ich werde euch Ruhe verschaffen. Nehmt mein Joch auf euch

---

[43] Ebd., S. 118.
[44] Ebd., S. 118.

und lernt von mir; denn ich bin gütig und von Herzen demütig; so werdet ihr Ruhe finden für eure Seele. Denn mein Joch drückt nicht und meine Last ist leicht."

Im Hingehen zu Jesus kann unser Herz erst zu Ruhe kommen. Im Hingehen zu Jesus können wir erst erkennen, wie wichtig es ist, Demut zu üben. Denn ER selbst ist von Herzen demütig. Es geht also darum, sich selbst die Herzenshaltung Jesu anzueignen. Hier ist Maria Droste wieder ganz nahe am Zeugnis der Heiligen Schrift:

> *„Man fehlt gegen die Liebe, weil man ein leises, verletzendes Wort nicht ertragen kann. Man lässt es an Wachsamkeit bei den Kindern fehlen, an der Pünktlichkeit in kleinen Vorschriften, weil all das Opfer fordert. Lieben Sie also die Abtötung, die Selbstverleugnung, und fühlen Sie das Widerstreben der Natur, so beten Sie. Schöpfen Sie an der Quelle des Herzens Jesu den Geist der Großmut, überwinden Sie großherzig Ihr Widerstreben. Kämpfen Sie ohne Unterlass, überwinden Sie sich, ohne zu ermüden, und Sie werden dadurch eine große Gewalt über sich selbst erlangen und über Ihre bösen Neigungen, Sie werden in der Tugend wachsen und werden dem Herzen Jesu genehm sein."[45]*

Nur der kann sein Jünger sein, der sich selbst verleugnet und bereit ist, sein Kreuz zu tragen (vgl. Mt 16,24). Genau das ist hier mit Abtötung und Selbstverleugnung gemeint! In dieser Rede wird klar und deutlich aufgezeigt, welche Konsequenzen es hat, wenn wir ehrlich darum bitten, dass der Herr unser Herz nach seinem Herzen bilden soll. Dies ist ein langer und mühsamer, ja sicherlich auch schmerzlicher Prozess! Aber die Betrachtung der Liebe Gottes, das Anschauen

---

[45] Ebd.

seiner unendlichen Barmherzigkeit gibt uns Mut, diesen Weg zu beschreiten.

Diese Rede der Droste führt uns exemplarisch vor Augen, wie tief die selige Maria von der Liebe des Herzens Jesu durchglüht war. Zudem wird deutlich, dass es sich hier nicht um eine verkitschte, sich in bloß sentimentale Regungen erschöpfende Art und Weise der Herz-Jesu-Verehrung handelt. Nein, nach Maria Droste zu Vischering kann man das Herz Jesu nur verehren, wenn man auch bereit ist, sein Leben in den immerwährenden Versuch hineinzunehmen, die Liebe des Erlöserherzens mit Gegenliebe ganz praktisch im Tun des Alltags zu erwidern. Genau das hat sie auch in ihrem Leben getan. Vor allem darum hat die Kirche sie zur Ehre der Altäre erhoben. Sie ist ein lebendiges Beispiel dafür, was es heißt, in diese Bewegung der Gegenliebe einzustimmen.

Postulatorin der Weltweihe an das Herz Jesu

In den letzten Lebensjahren beherrschte ein Thema das Beten und Denken der Seligen: die Weltweihe[46] an das Herz Jesu durch Papst Leo XIII. Mehrmals wandte sich die Droste brieflich an den Papst. Diese Hartnäckigkeit ist nur damit zu erklären, dass sie von einem tiefen Sendungsbewusstsein erfüllt war. Im Tugenddekret zur Selig- und Heiligsprechung wird diese Phase ihres Lebens sehr anschaulich beschrieben: „Sie hat, erfüllt vom Eifer, der sich täglich am eucharistischen Mahle entzündet hat, und dem Verlangen, die unendlichen Reichtümer des Erlösers dem ganzen Menschengeschlecht zugänglich zu machen, den Heiligen Vater Leo XIII. gedrängt, die ganze Welt zu Beginn des 20. Jahrhunderts dem Herzen Jesu feierlich zu weihen.

---

[46] Zur Weltweihe vgl. *Bierbaum*, S. 199–218 m. w. N.

Das hat dieser Papst mit Erlass eines Apostolischen Schreibens in der Tat ausgeführt."[47]

Es ist schon bemerkenswert, dass an der Schwelle zu dem Jahrhundert, in welchem die Welt durch zwei Weltkriege und fürchterliche Völkermorde erschüttert wurde, der Papst die Welt dem Herzen Jesu weihte. Trotz aller menschlicher Schuld soll die ganze Welt im Herzen Jesu Zuflucht nehmen. Nur aus diesem Herzen kann überhaupt erst die Kraft zum Guten erwachsen. Die Kirche lässt bis in unsere Tage nicht davon ab, auf dieses Herz zu verweisen. An der Schwelle unseres Jahrhunderts regierte mit Johannes Paul II. wieder ein Papst, der die Welt ganz der Barmherzigkeit Gottes anvertraut hat. In diesem Geist rief und ruft uns der hl. Johannes Paul II. mit der hl. Faustina zu: „Jesus, ich vertraue auf dich!" Genau das wird auch im Weiheakt Leos XIII. zum Ausdruck gebracht, nämlich die vertrauensvolle Übergabe der Welt an das Herz Jesu.

Die Droste bedrängte den Papst, diese Weihe zu vollziehen. Wie kam es zu dieser Entschiedenheit? Nach Aussage ihres Seelenführers empfing die Droste dreimal eine Weisung des Herrn, den Papst in Rom zu dieser Weihe zu veranlassen. Verständlicherweise konnte ihr Beichtvater nicht sofort von der Echtheit dieser Privatoffenbarungen an die selige Maria ausgehen. Sein Zweifel war zunächst groß. Ende 1898 konnte sich der Seelenführer durchringen, der übernatürlichen Herkunft dieses Ansinnens Glauben zu schenken. Anfang Dezember empfing die Oberin von Porto mehrmals innere Weisungen über die Weltweihe an das Herz Jesu. Schließlich durfte sie am Dreikönigstag 1899 mit ausdrücklicher Erlaubnis ihres Beichtvaters einen Brief an den Papst schreiben, in welchem sie ihre Bitte um die Weltweihe vor-

---

[47] Zitiert nach ebd., S. 255.

trägt. In diesem Brief beschreibt sie zunächst offen ihre spirituellen Erfahrungen, ja die übernatürliche Herkunft ihres Anliegens:

> *„Ich glaubte dieses Licht zu schauen (innerlich), das Herz Jesu, diese anbetungswürdige Sonne, welche ihre Strahlen auf die Erde herabsandte, zuerst auf einen engeren Kreis, dann sie ausbreitend und endlich die ganze Welt erleuchtend. Und er sagte: ‚Vom Glanz dieses Lichtes werden die Völker und Nationen erleuchtet und von seiner Glut wieder erwärmt werden.‘ Ich erkannte das sehnlichste Verlangen, das er hat, sein anbetungswürdiges Herz mehr und mehr verherrlicht und erkannt zu sehen und seine Gaben und Segnungen über die ganze Welt auszugießen.“*[48]

Aus dem universalen Heilswillen Jesu Christi folgt der Weiheakt an das Herz Jesu. Die hier zu findenden Bilder sind solche der Heiligen Schrift und der kirchlichen Tradition. Es besteht angesichts dieser klaren Botschaft kein Anlass zum Zweifel an der Authentizität dieser Privatoffenbarung. Genau auf dieser theologischen Linie liegt auch die Interpretation, die Maria dem Papst daraufhin mitteilt:

> *„Es könnte befremden, dass der Heiland diese Weihe der ganzen Welt verlangt und sich nicht an der Weihe der katholischen Kirche genügen lässt. Aber so glühend ist sein Wunsch zu herrschen, geliebt und verherrlicht zu werden und alle Herzen mit seiner Liebe und Barmherzigkeit zu entzünden, dass er will, Ew. Heiligkeit möchten ihm die Herzen aller jener darbringen, welche ihm durch die heilige Taufe gehören, um ihnen die Rückkehr zur wahren Kirche zu erleichtern. Ingleichen die Herzen aller jener, welche das geistige Leben noch nicht durch die Taufe empfangen haben, für die er aber auch sein Leben und Blut dahingegeben, die ebenso berufen*

---

[48] *Chasle*, S. 212.

sind, eines Tages Kinder der heiligen Kirche zu werden, um durch dieses Mittel ihre geistige Geburt zu beschleunigen. "[49]

Abschließend teilt sie dem Papst noch einen von ihr erahnten Wunsch Christi mit. Nach ihrer Ansicht sei es zudem dem Herrn angenehm, wenn die Andacht der ersten Monatsfreitage zunähme. Hierzu möge der Papst doch ermuntern durch Gewährung weiterer Ablässe. Der Heiland habe ihr dies nicht so ausdrücklich gesagt, aber sie glaube, diesen lebendigen Wunsch seines Herzens zu ahnen.[50]

Mit einer großen Liebe wünscht die Oberin von Porto, die Herz-Jesu-Verehrung in der ganzen Kirche zu verstärken. Frömmigkeitsgeschichtlich betrachtet, kann man heute wirklich sagen, dass dieser Brief an Leo XIII. bis in unsere Tage seine Wirkungen zeigt. Gerade die Tradition der Herz-Jesu-Freitage hat durch ihre Intervention einen enormen Aufschwung erfahren.

Herz Jesu und Eucharistie

Ein weiterer Akzent der Spiritualität Marias ist die Betonung der unlösbaren Einheit von Herz-Jesu-Verehrung und Eucharistie. Sie spricht hier zu Recht von einer „Untrennbarkeit", da ja das Herz Jesu selbst als Teil des Herrenleibes in der Eucharistie gegenwärtig ist:

> *„Ich betete in der Kapelle am Morgen des Herz-Jesu-Festes vor jenem Bild, das ich schon als Kind so sehr liebte. (...) Das allerheiligste Sakrament war ausgesetzt. Das Herz-Jesu-Bild inmitten von Blumen und Kerzen stand so nahe am Altare an der Evan-*

---

[49] Ebd., S. 212f.
[50] Vgl. ebd., S. 213.

gelienseite, dass ich, wenn ich vor diesem Bilde betete, mit dem-
selben Blicke auch die heilige Hostie in der Monstranz sah. Ich
sage dieses, weil ich ja schon anfangs erklärte, dass ich niemals das
heiligste Herz Jesu von der heiligen Eucharistie trennen konnte;
denn hier ist wahrhaftig jenes heiligste Herz gegenwärtig als Teil
des kostbaren Leibes des Herrn. Das Bild stellte den leiblichen
Augen dar, was der Glaube den Augen der Seele zeigte, und mein
Herz war entzündet von den Flammen der göttlichen Liebe."[51]

Hier steht sie ganz in der Tradition des Herz-Jesu-Kultes der Kirche, der immer zugleich auch eucharistischer Kult ist. Papst Pius XII.
förderte diese Frömmigkeitsform in der Enzyklika *„Haurietis aquas"*
vom 15. Mai 1956 mit folgenden Worten: „Es wird auch nicht leicht
sein, die Kraft der Liebe zu erfassen, mit der Christus selbst sich uns
zur geistigen Nahrung gab, wenn nicht in der besonderen Pflege der
eucharistischen Herz-Jesu-Verehrung (...)."[52]

Wir haben bereits gehört, mit welcher Liebe die selige Maria in
ihrer Heimatgemeinde den Altar für das vierzigstündige Gebet ge-
schmückt hat. Die eucharistische Anbetung war ein Kernstück der
Spiritualität der Seligen.

Auch hier ist wieder ein Blick in die kirchliche Gegenwartssitu-
ation gefragt: Wie sieht es heute in den Kirchengemeinden mit der
eucharistischen Anbetung aus? Ist bei den Gläubigen noch das Bewusstsein vorhanden, wie wesentlich die eucharistische Anbetung für
das Leben der Kirche ist? In der Nachkonzilszeit wurde nicht selten
die eucharistische Anbetung zugunsten der Feier der Eucharistie in
den Hintergrund gedrängt. Das Konzilsdokument über die Litur-

---

[51] Ebd., S. 40.
[52] Nr. 121, zit. nach ULR http://www.vatican.va/holy_father/pius_xii/encyclicals/do-
cuments/hf_p-xii_enc_15051956_haurietis-aquas_ge.html.

gie, *„Sacrosanctum Concilium"*, betont allerdings in Nr. 33 klar und deutlich, dass die heilige Liturgie „vor allem Anbetung der göttlichen Majestät ist"[53]. In vielen Kirchengemeinden gibt es bereits keinerlei Anbetungsstunden vor dem ausgesetzten Allerheiligsten mehr. Immer seltener findet sich in den Kirchengemeinden noch der Brauch, am Vorabend des Herz-Jesu-Freitags die Anbetungsstunde vor dem Sakrament zu halten. Selbst die althergebrachte Übung des vierzigstündigen Gebetes verschwindet zunehmend in der Glaubenspraxis unserer Kirchengemeinden. Der innere Zusammenhang von Eucharistiefeier und Anbetung des Allerheiligsten wird nicht mehr genügend wahrgenommen. Wegen der zuvor festgehaltenen Untrennbarkeit von Herz-Jesu-Verehrung und eucharistischer Anbetung muss man leider sagen, dass eine Krise der eucharistischen Anbetung immer auch eine Krise des Herz-Jesu-Kultes ist und umgekehrt.

Papst Benedikt XVI. geht in seinem nachsynodalen apostolischen Schreiben *„Sacramentum Caritatis"* von 2007 auf diese Fehlentwicklung ein und betont ihr gegenüber wieder ausdrücklich den Wert der eucharistischen Anbetung außerhalb der Messfeier: „Ein damals verbreiteter Einwand ging zum Beispiel von der Bemerkung aus, das eucharistische Brot sei uns nicht zum Anschauen, sondern zum Essen gegeben. In Wirklichkeit erwies sich diese alternative Gegenüberstellung im Licht der Gebetserfahrung der Kirche als gänzlich unfundiert. (...) In der Eucharistie kommt uns ja der Sohn Gottes entgegen und möchte sich mit uns vereinigen; die eucharistische Anbetung ist nichts anderes als die natürliche Entfaltung der Eucharistiefeier, die in sich selbst der größte Anbetungsakt der Kirche ist. (...) Der Akt

---

[53] Zit. nach *K. Rahner, H. Vorgrimler:* Kleines Konzilskompendium, 18. Aufl., Freiburg 1985, S. 62.

der Anbetung außerhalb der heiligen Messe verlängert und intensiviert, was in der liturgischen Feier selbst getan wurde."[54]

Dementsprechend empfiehlt Papst Benedikt XVI. der gesamten Weltkirche, die eucharistische Anbetung außerhalb der Messfeier wieder aufzunehmen und intensiv zu pflegen: „Gemeinsam mit der Synodenversammlung empfehle ich darum den Hirten der Kirche und dem Gottesvolk von Herzen die eucharistische Anbetung, sei es allein oder in Gemeinschaft. (…) Im Bereich des Möglichen sollten dann vor allem in den bevölkerungsreicheren Gebieten Kirchen oder Oratorien bestimmt und eigens für die ewige Anbetung bereitgestellt werden."[55]

Schon der heilige Papst Johannes Paul II. hat den großen Wert der eucharistischen Anbetung festgestellt und ein bewegendes persönliches Zeugnis für sie abgelegt:

„Der Kult, welcher der Eucharistie außerhalb der Messe erwiesen wird, hat einen unschätzbaren Wert im Leben der Kirche. Dieser Kult ist eng mit der Feier des eucharistischen Opfers verbunden. Die Gegenwart Christi unter den heiligen Gestalten, die nach der Messe aufbewahrt werden – eine Gegenwart, die so lange andauert, wie die Gestalten von Brot und Wein Bestand haben –, kommt von der Feier des Opfers her und bereitet auf die sakramentale und die geistliche Kommunion vor. Es obliegt den Hirten, zur Pflege des eucharistischen Kultes zu ermutigen, auch durch ihr persönliches Zeugnis, insbesondere zur Aussetzung des Allerheiligsten sowie zum anbetenden Verweilen vor Christus, der unter den eucharistischen Gestalten ge-

---

[54] Nr. 66, zit. nach: ULR http://www.vatican.va/holy_father/benedict_xvi/apost_exhortations/documents/hf_ben-xvi_exh_20070222_sacramentum-caritatis_ge.html.
[55] Ebd., Nr. 67.

genwärtig ist. Es ist schön, bei ihm zu verweilen und wie der Lieblingsjünger, der sich an seine Brust lehnte (vgl. Joh 13,25), von der unendlichen Liebe seines Herzens berührt zu werden. Wenn sich das Christentum in unserer Zeit vor allem durch die ‚Kunst des Gebetes' auszeichnen soll, wie könnte man dann nicht ein erneuertes Verlangen spüren, lange im geistlichen Zwiegespräch, in stiller Anbetung, in einer Haltung der Liebe bei Christus zu verweilen, der im Allerheiligsten gegenwärtig ist? Wie oft, meine lieben Brüder und Schwestern, habe ich diese Erfahrung gemacht und daraus Kraft, Trost und Stärkung geschöpft!"[56]

Welch ein gewaltiges Glaubenszeugnis dieses heiligen Papstes. Auch dieser Mystiker stellt hier die Verbindung der eucharistischen Anbetung mit dem Herz-Jesu-Kult deutlich heraus. Bei der Anbetung geht es letztlich um das Berührtwerden von der unendlichen Liebe des Herzens Jesu, ja hier kann man seinen Herzschlag hören und so sich hineinnehmen lassen in die Frequenz dieses Herzschlages.

Passionsfrömmigkeit

Maria Droste praktizierte von Kindertagen an die damals ganz geläufigen Übungen der Passionsfrömmigkeit: das Beten des Kreuzweges, Wallfahrten zu den Gnadenorten des Heiligen Kreuzes, die andächtige Feier der Karwoche und die Betrachtung der Leidensgeschichte Jesu in den Evangelien.

Die Passionsfrömmigkeit in seiner münsterländischen Ausprägung weist zudem einige besondere Charakteristika auf. Das Müns-

---

[56] Enzyklika „*Ecclesia de Eucharistia*" 2003, Nr. 25, zit. nach: ULR http://www.vatican.va/holy_father/john_paul_ii/encyclicals/documents/hf_jp-ii_enc_20030417_eccl-de-euch_ge.html.

terland ist stark geprägt von Orten der Passionsfrömmigkeit. So wird in Heek, Coesfeld, Haltern, Freckenhorst und Stromberg auf besondere Weise das Heilige Kreuz verehrt. Sehr eindrucksvoll ist zudem das Gnadenbild der schmerzhaften Mutter in Telgte. Es scheint fast so etwas wie eine besondere Affinität des Münsterlandes zum Thema der Passion zu geben. Das raue Klima, der viele Nebel und Regen sind ja prägend für die melancholische Grundstimmung des Münsterlandes. Gerade vor dem Hintergrund dieser Grundstimmung wird verständlich, wieso die dortige Frömmigkeit bis heute stark von der Verehrung des Leidens Jesu geprägt ist. Wir können sicher davon ausgehen, dass Maria vor ihrem Ordenseintritt einige dieser Gnadenorte auch selber aufgesucht hat.

Ganz in diesem geistlichen Klima ist auch eine weitere Gestalt dieses Landstriches aufgewachsen, die selige Anna Katharina Emmerick (1774–1824), die übrigens wie die selige Maria Droste auch am Fest „Mariä Geburt" das Licht der Welt erblickte. Diese Parallele beider Seligen mutet schon wundersam an. Anna Katharina ist *die* große Passionsmystikerin des Münsterlandes, die der Herr gewürdigt hat, seine Wundmale zu empfangen. Maria Droste hat sicher von ihrem Lebensbeispiel gehört. Während ihrer Ordenszeit in Münster hat Bischof Hermann Dingelstad im Jahr 1891 den Informativprozess zur Kanonisierung der Emmerick eröffnet. Entscheidend für diesen Entschluss war das Gutachten des damaligen Dechanten von Dülmen, Graf von Galen.[57] Dieser Dülmener Pfarrer war ein Onkel Marias. Zudem visitierte bereits ihr Urgroßonkel, Clemens August Droste zu Vischering, der spätere Erzbischof von Köln, als Generalvikar der

---

[57] Vgl. zur Geschichte des Kanonisierungsverfahrens der seligen Anna Katharina Emmerick T. *Wegener*, Anna Katharina Emmerick, 8. Aufl., Stein am Rhein 1990, S. 358ff.

Diözese Münster im Jahre 1813 das Krankenlager der Anna Katharina und hat die Stigmata der Seligen gesehen. Von diesem gibt es ein eindrucksvolles Zeugnis, welches in der Familie Vischering sicher die Runde gemacht hat: Anna Katharina sei „eine besondere Freundin Gottes (…), wovon wir aber nichts gemerkt hätten, sodass ihr Beispiel für uns würde verloren gewesen sein, wenn Gott sie nicht gestempelt hätte, deshalb denke ich, hat Gott sie durch die äußerlichen Male als seine Freundin gestempelt."[58] Aufgrund dieser Zusammenhänge ist davon auszugehen, dass sich Maria Droste auch mit den Passionsvisionen der Emmerick auseinandergesetzt und sich davon beeindrucken lassen hat. Dafür spricht auch der Umstand, dass die von Clemens Brentano veröffentlichten Passionsvisionen der Emmerick zur Zeit der Maria Droste schon bis nach Übersee weit verbreitet und bekannt waren. Hierdurch durften viele Menschen des neunzehnten Jahrhunderts eine weitere Vertiefung bei der Betrachtung des Leidens und Sterbens Jesu erfahren. Die Passionsvisionen der Emmerick waren sicher „frömmigkeitsbildend" im Katholizismus dieser Zeit.

Durch das Erleiden der eigenen Krankheit bekam die Verehrung des Leidens Jesu für Maria Droste eine ganz neue und tiefe Komponente. Sie verstand ihr Leiden dahingehend als eine Auszeichnung, dass sie nun mit Christus auch auf dem Weg des Leidens gemeinsam gehen durfte. Das Motiv der *Compassio*, der Mitleidenschaft, rückt in den Mittelpunkt ihrer Passionsfrömmigkeit. Frömmigkeit wird bei Maria hier etwas Existenzielles und Praktisches, weit weg von jeder abgehobenen Theorie:

---

[58] Zit. nach *C. Engling*, Unbequem und ungewöhnlich. Anna Katharina Emmerick – historisch und theologisch neu entdeckt, Würzburg 2005, S. 334.

„Seit ich krank und eine Beute der Leiden bin, erhört er (Anm. des Autors: „er" = Jesus Christus) *endlich die Seufzer meiner Seele und vereinigt sich mehr und mehr mit mir; aber in dem Maße, als sich die Krankheit hinzieht, wächst auch die Sehnsucht, zu leiden. Es scheint mir sein Wille zu sein, dass ich mich der Sammlung und dem Gebete überlasse; ich weiß, das wird meiner Natur schwer, aber ich kann nicht widerstehen, da er mich ruft."*[59]

Das sind für unsere Ohren schwer zu hörende Worte. Wer will schon leiden? Wer hat Sehnsucht nach Leiden? Sie hingegen ist so tief mit dem Geheimnis Christi verbunden, dass sie ihr ganzes Leben mit ihm leben will, auch die finsteren Stunden auf dem Ölberg und auf dem Kreuzweg will sie mit Jesus gehen. Dies will sie nicht als bloße Zuschauerin. Nein, sie will mitleiden, den Leidensweg Jesu mitgehen und beim Sühnewerk Jesu mitwirken. Hier kommt einem unweigerlich das ebenfalls schwer verständliche Wort des hl. Paulus in den Sinn: „Jetzt freue ich mich in den Leiden, die ich für euch ertrage. Für den Leib Christi, die Kirche, ergänze ich das, was an den Leiden Christi noch fehlt" (Kol 1,24). Hat Christus denn nicht alles für uns getan? Der hl. Johannes Paul II. hat diese Stelle für uns wie folgt ausgelegt: „Das Leiden Christi hat das Gut der Erlösung der Welt erwirkt. Dieses Gut ist in sich unerschöpflich und grenzenlos. Kein Mensch vermag ihm etwas hinzuzufügen. Zugleich jedoch hat Christus im Geheimnis der Kirche als seines Leibes gewissermaßen sein Erlöserleiden jedem anderen Leiden des Menschen geöffnet. Insofern der Mensch – an jedem Ort der Welt und in jeder Zeit der Geschichte – an den Leiden Christi teilhat, *ergänzt er auf seine Weise jenes Leiden,*

---

[59] *Chasle*, S. 208.

durch das Christus die Erlösung der Welt vollbracht hat."[60] Auch der *KKK* betont den wertvollen Aspekt des Leidens mit Christus als eine Frucht des Empfangs der Krankensalbung: „Durch die Gnade dieses Sakramentes erhält der Kranke die Kraft und die Gabe, sich mit dem Leiden des Herrn noch inniger zu vereinen. Er wird gewissermaßen dazu geweiht, durch die Gleichgestaltung mit dem erlösenden Leiden des Heilands Frucht zu tragen. Das Leiden, Folge der Erbsünde, erhält einen neuen Sinn: Es wird zur Teilnahme am Heilswerk Jesu."[61] Das für uns auf den ersten Blick sinnlose Leiden kann fruchtbringend für die ganze Kirche eingesetzt werden, wenn man bereit ist, das Kreuz in diesem Sinne anzunehmen. Ganz in dieser Gesinnung hat Maria Droste ihr Leid angenommen und in der Verbundenheit mit dem leidenden Erlöser auch durchlebt. Das Leiden wurde so für sie zum Ort der Gegenwart Gottes. Auch hier können wir von Maria viel lernen.

Die Vereinigung mit dem leidenden Christus ging sogar so weit, dass sie am Vorabend des Herz-Jesu-Festes gegen 15 Uhr, zur Todesstunde Jesu, starb. Eine Zeugin beschrieb diesen Moment wie folgt: „,Ich will kommunizieren.' Als man ihr sagte, dass sie bereits das heilige Viatikum empfangen habe, beruhigte sie sich. Später versuchte sie, noch einmal einige Worte zu sprechen, die wir aber nicht verstehen konnten. Ihre letzten Worte hatten der heiligen Eucharistie gegolten. Sie suchte mit beiden Händen ihr kleines Kruzifix und schien sehr zufrieden, als wir ihr dasselbe gaben. Ihr Blick richtete sich oftmals fest auf denselben Punkt. Plötzlich rief sie aus: ‚Ah' und

---

[60] Apostolisches Schreiben „*Salvici Doloris*", Nr. 24, zit. als ULR http://www.vatican.va/roman_curia/pontifical_councils/hlthwork/documents/hf_jp-ii_apl_11021984_salvifici-doloris_ge.html.
[61] *KKK*, Nr. 1521.

fixierte einige Zeit die Zimmerdecke, als wenn sie etwas Außergewöhnliches gesehen hätte. Dann betrachtete sie so recht innig ihr
liebes Herz-Jesu-Bild und küsste es und ihr Sterbekreuz mit größter
Innbrunst. Nochmals heftete sie ihre Blicke auf ihr schönes, großes
Kruzifix an der Wand, dann rannen zwei große Tränen aus ihren
Augen, und ganz sanft gab sie den Geist auf."[62] Dies ist ein sehr
eindrucksvoller Bericht über das Sterben unserer Seligen. Ihr letz-
tes Wort galt der Sehnsucht nach dem Leib des Herrn, der sich für
unsere Sünden hingegeben hat. Die letzten Blicke und Handgriffe
galten dem gekreuzigten Heiland. Eucharistie und Passion bilden
den Schlussstein ihres irdischen Lebens.

Marienverehrung

Wer das Herz Jesu mit ganzer Hingabe verehrt, hat auch eine tiefe Beziehung zu der Frau, in deren Schoß das gottmenschliche Erlöserherz
wuchs. Unter dem Herzen Mariens bildete sich das Herz Jesu heran.
Beide Herzen sind bis heute in der Glorie des Himmels auf das Engs-
te miteinander verbunden. Der *KKK* weist in diesem Zusammenhang
darauf hin, dass wir uns besonders an Maria in ihrer Eigenschaft als
„Mutter der Barmherzigkeit" wenden dürfen. Die Gottesmutter hat
ganz Anteil an der ausströmenden Liebe Gottes, an seiner Barmherzigkeit: „Wenn wir Maria bitten, für uns zu beten, bekennen wir uns
als arme Sünder und wenden uns an die Mutter der Barmherzigkeit,
an die ganz Heilige. Wir vertrauen uns ihr ‚jetzt' an, im Heute unseres
Lebens. Und unser Vertrauen weitet sich, sodass wir ihr jetzt schon
‚die Stunde unseres Todes' anvertrauen. Möge sie dann zugegen sein,
wie beim Tod ihres Sohnes am Kreuz, und uns in der Stunde unseres

---

[62] *Chasle*, S. 236f.

Hinübergangs als unsere Mutter aufnehmen, um uns zu ihrem Sohn Jesus in das Paradies zu geleiten."[63]

Bei der Droste kommt dieser Zusammenhang bereits in ihrem Ordensnamen zum Ausdruck: Maria vom Göttlichen Herzen. Wie bereits erwähnt, wurde sie auch von ihren Eltern mit Taufnamen bewusst Maria genannt, da sie am Fest „Mariä Geburt" zur Welt kam. Ganz selbstverständlich ist sie mit einer praktizierten Marienfrömmigkeit groß geworden. Besonders die Wallfahrt zur „Königin des Himmelreiches" in das nahe bei Darfeld liegende Eggerode hat sicher auch dazu beigetragen, dass die Selige eine große Liebe zur Gottesmutter entwickeln konnte. Ebenso gehörten das Rosenkranzgebet und die besondere Gestaltung des Marienmonats Mai selbstverständlich in das geistliche Leben der Droste.

In der heutigen kirchlichen Situation hat die Bedeutung der Marienfrömmigkeit in weiten Teilen Deutschlands an Gewicht verloren. Zwar werden die Wallfahrtsorte immer noch besucht. Jedoch mangelt es inzwischen in vielen Pfarrgemeinden an schön gestalteten Mai- und Rosenkranzandachten. Der Blick auf die Heiligen zeigt uns jedoch klar und deutlich, dass es ohne eine lebendige Beziehung zu Maria keine tiefe Beziehung zu Christus geben kann. Denn schließlich hat der Herr selbst uns am Kreuz Maria zur Mutter gegeben (vgl. Joh 19,25ff.). Das war sein Testament, sein letzter heiliger Wille für die Zukunft der Seinen, der Kirche.

Schauen wir nun genauer hin, wie die Droste ihr Verhältnis zu Maria gesehen hat: Am 08. Dezember 1880 wurde Maria während ihrer Zeit im Pensionat unter die Marienkinder aufgenommen. Im 19. Jahrhundert war dieser Brauch der Marienweihe, insbesondere

---

[63] *KKK*, Nr. 2677.

auf Mädchenpensionaten, stark verbreitet. Dieser Tag, das „Hochfest der ohne Erbsünde empfangenen Jungfrau und Gottesmutter Maria" war geradezu für diesen Weiheakt vorherbestimmt. Überhaupt war dieses Jahrhundert das Jahrhundert der *Immaculata*. Zwei Ereignisse seien hier kurz in Erinnerung gerufen. Im französischen Lourdes erschien die Gottesmutter der hl. Bernadette Soubirous im Jahre 1858 und offenbarte sich der Seherin als die unbefleckte Empfängnis. Der selige Pius IX. dogmatisierte im Jahr 1854 diesen Glaubensinhalt. Diese Ereignisse haben der Marienverehrung in dieser Zeit einen weltweiten Auftrieb verliehen.

In diesem kirchengeschichtlichen Kontext wuchs die Droste auf und legte im Jahr 1880 ihre Marienweihe ab. Interessant ist hier wieder ihre Erinnerung an dieses Ereignis:

> *„Die liebe Mutter Gottes war für mich immer eine sorgsame Mutter. Die denkwürdigsten Tage meines Lebens fielen größtenteils auf ihre Feste. "*[64]

Für die selige Maria Droste war der Tag der Marienweihe kein bloß formaler Akt, den man absolvieren musste. Nein, sie erlebte die Gottesmutter von Beginn ihres Denkens an als sorgsame Mutter. Das Zusammenfallen wichtiger Lebensdaten mit den Marienfesten der Kirche stellt für sie nicht bloßen Zufall dar, sondern ist bereits ein Ausdruck der Fürsorge der Gottesmutter. Für Maria Droste war dieser Zusammenhang völlig plausibel: Die Gottesmutter hat sie an die Hand genommen und begleitet sie wie ihr eigenes Kind durch das Leben. Schauen wir uns noch genauer diesen Zusammenhang an.

---

[64] *Chasle*, S. 28.

Ihre Geburt fiel auf das Fest der Geburt Mariens. Am Fest „Mariä Opferung", dem 21. November, empfand sie erstmals im Jahr 1878 ihre Berufung zum Ordensstand. Während einer Professfeier in Riedenburg am Fest „Mariä Verkündigung" im Jahr 1881 wurde der Ruf für sie wieder lautstark vernehmbar. Am Fest „Mariä Opferung" im Jahr 1888 trat sie in das Kloster vom Guten Hirten in Münster ein. Und schließlich hat sie in einem Brief vom 15. August 1897, dem Hochfest der Aufnahme Mariens in den Himmel, bereits gezeichnet von schwerer Krankheit, ihre Weihe an die Gottesmutter bekräftigt. Hintergrund dieses Briefes an ihren Beichtvater war der Verzicht, an der portugiesischen Jahreswallfahrt nach Lourdes teilzunehmen. Ihre Gesundheit erlaubte es nicht mehr. Voller Ergebung in ihr Schicksal schreibt sie an diesem denkwürdigen Tag Zeilen, die eindrücklich ihre existenzielle Liebe zur Gottesmutter, die auch die Schmerzensreiche genannt wird, zum Ausdruck bringen:

„O Maria, meine liebevolle Mutter! Ich übergebe mich dir ganz durch die Hände meines Führers und geistlichen Vaters. Ich weihe dir mein Herz und will dein sein im Leben und im Tode. Du weißt ja, o Mutter, dass dein göttlicher Sohn in seiner unendlichen Barmherzigkeit trotz meines Elendes und meiner zahlreichen Sünden mich erwählt hat nicht nur zur Braut seines Göttlichen Herzens, sondern auch als Opfer, um ihn zu trösten und um die Sakrilegien zu sühnen, um Gnade und Verzeihung zu erlangen für die armen Sünder. Du kennst mein Verlangen, diesem Rufe seines Herzens zu entsprechen und aus Liebe zu ihm immer mehr zu leiden. So komme ich denn heute durch meinen Beichtvater, um durch deine Hände das Ganzopfer meiner selbst meinem Göttlichen Bräutigam darzubringen. Aus freiem Entschlusse verzichte ich auf den Wunsch und die Hoffnung, geheilt zu werden; ich nehme auf mich das Kreuz einer langwierigen und schmerzlichen

Krankheit; ich nehme an ein Leben voll Leiden und Opfer und
wünsche nur, mich darzubringen und zu verzehren im Leiden.
Ich habe kein anderes Begehren, als dadurch das Göttliche Herz
Jesu zu trösten, für dasselbe und mit ihm zu dulden und einzig
ihm zu gefallen. (...) Im Bewusstsein meiner Schwäche aber bitte
ich dich, o heilige, unbefleckte Jungfrau, mich unter deinen müt-
terlichen Schutzmantel zu nehmen und mir von deinem Göttli-
chen Sohne alle jene Gnaden zu erflehen, deren ich bedarf, um
auszuharren (...)."[65]

Diese Sprache mutet uns heute seltsam an. Hier muss ein wenig Über-
setzungsarbeit geleistet werden. Maria sieht ihre ganze Existenz als
Opfergabe an Jesus Christus. Der Sühnegedanke ist hier unverkennbar. Sie will ihr Leben hineingenommen wissen in das Lebensopfer
der Gottesmutter, die bedingungslos ihr Fiat zum Engel gesprochen
hat und bis zuletzt, selbst unter dem Kreuz, an der Seite ihres Sohnes ausgeharrt hat. Die Gottesmutter ist für sie das Lebensvorbild
schlechthin, welches ihr deutlich gemacht hat, was es heißt, selbst Lebensopfer für Jesus zu sein. Die Ganzhingabe Mariens ist für unsere
Selige das Vorbild ihres Handelns. Vor diesem Hintergrund ist es wiederum umso bedeutsamer, dass Maria Droste entscheidende Impulse
ihres Lebens am Fest „Mariä Opferung" erfahren hat.

Dieses Fest[66] erinnerte an die „Darbringung" der seligen Jungfrau
Maria im Alter von drei Jahren durch ihre Eltern Joachim und Anna
im Tempel zu Jerusalem, wo sie unter den Tempeljungfrauen erzogen
werden sollte. Der Tag war ursprünglich der Kirchweihtag der Kirche

---

[65] Ebd., S. 189.
[66] Vgl. hierzu bzgl. „Mariä Opferung" in: *A. Schott O.S.B.*, Das Meßbuch der heiligen
Kirche, Freiburg im Breisgau 1961, S. 979 und bzgl. den „Gedenktag Unserer Lieben
Frau von Jerusalem" in: *Schott-Messbuch für die Wochentage*, Teil II, Freiburg im Breisgau 1984, S. 1619.

„Sancta Maria Nova", die in der Nähe des jüdischen Tempels erbaut wurde. Durch Kreuzfahrer kam der Gedenktag ab dem 11. Jahrhundert ins Abendland und wurde 1585 von Papst Sixtus V. für die gesamte katholische Kirche als Fest „Mariä Opferung" vorgeschrieben. Im Zuge der Liturgiereform des letzten Jahrhunderts wurde der Gedenktag im Hinblick auf die Weihe der Marienkirche in Jerusalem umbenannt zum „Gedenktag Unserer Lieben Frau in Jerusalem".

Interessant ist hier die Umbenennung des Festes. Der Begriff des Opfers bereitet uns offensichtlich Schwierigkeiten. Der heutige Festname bringt das Geheimnis der völligen Lebenshingabe Mariens nicht mehr deutlich zum Ausdruck. Hier ist durchaus die Frage zu stellen, ob eine junge Frau heute noch an einem solchen Festtag überhaupt ähnliche Impulse empfangen kann, wie dies einst bei der Droste der Fall gewesen ist. Bereits der Name des Festes assoziierte in der seligen Maria Droste eine tiefe Verbindung mit dem Lebensopfer der Gottesmutter. Genau an diesem Punkt wollte sie ihr Leben mit Maria verbinden. Mit Maria alles für Christus! Das war für Maria Droste sicher ein Lebensmotto.

Heiligenverehrung

Die Heiligenverehrung der Seligen ist ein weiteres Charakteristikum ihrer Frömmigkeit. Der *KKK* fordert auch heute noch die ganze Kirche dazu auf, die Heiligen zu ehren und sie um ihre Fürsprache bei Gott anzurufen: „Die Zeugen, die uns in das Reich Gottes vorausgegangen sind (vgl. Hebr 12,1), besonders die von der Kirche anerkannten Heiligen, wirken an der lebendigen Überlieferung des Gebetes durch das Vorbild ihres Lebens, die Weitergabe ihrer Schriften und durch ihr gegenwärtiges Beten mit. Sie betrachten Gott, loben ihn und sorgen unablässig für jene, die sie auf Erden zurückließen. Beim Eintritt in die Freude ihres Herrn wurden sie über vieles gesetzt (vgl. Mt 25,21). Ihre Fürbitte ist ihr höchster Dienst an Gottes Ratschluss. Wir können und sollen sie bitten, für uns und für die ganze Welt einzutreten."[67]

Maria Droste verstand die Heiligenverehrung nicht als bloße Frömmigkeitsübung, sondern als Teil ihres Lebens. Die Heiligen waren ihre ständigen Begleiter im Alltag. Sie war fest davon überzeugt, dass sie immer mit den Gottesfreunden in Kontakt stand und diese ihr im Alltag hilfreich zur Seite standen. Zudem war sie davon überzeugt, dass die Heiligen nicht unerreichbare Wesen sind, sondern Menschen wie du und ich. In jedem Heiligenleben zeigt Gott das Wunder der ständigen Bekehrung und Erneuerung, macht Gott deutlich, dass die Menschen nicht auf ihre Sünden und Fehler festgelegt sind, sondern jederzeit die Kraft erlangen können, sich immer aufs Neue Gottes Willen zu öffnen. Davon war die selige Maria zutiefst überzeugt. Das Vorbild der Heiligen spornte sie an, es ihnen gleichzutun. So bedachte sie am Dreikönigstag 1890 das Beispiel der Weisen aus dem Morgenland wie folgt:

> *„Wie bereiteten sich die Heiligen Drei Könige auf die Gnade vor? Sie studierten die heiligen Bücher, betrachteten aufmerksam den Lauf der Gestirne. – Durch Betrachtung, Gebet, Eindringen in die Wahrheiten, Sammlung wird die Seele fähig, den Augenblick der Gnade zu erkennen, den Ruf Gottes zu hören. (…) Sie finden den Heiland, fallen nieder, beten ihn an, opfern ihre Gaben. – Ich habe den Heiland gefunden, ich muss vor ihm niederfallen (Demut), ihn anbeten (innerliches Leben), Gaben opfern (mich selbst)."*[68]

---

[67] *KKK*, Nr. 2683.
[68] *Chasle*, S. 63.

Maria betrachtete das Leben der Heiligen und versucht ihnen nachzueifern. Die Art ihrer Verehrung ist derart organisch ausgeprägt, dass sie sich in das von ihr betrachtete Heiligenleben hineinnehmen lässt. Auch in ihren mystischen Erlebnissen erfährt sie in ihrer Begegnung mit Christus die Wichtigkeit der Heiligenverehrung. Der Herr selbst stellt ihr die Heiligen zur Seite. Während einer Wallfahrt im Jahr 1896 nach Alba de Tormes, dem Sterbeort der hl. Theresa von Avila, hatte sie während des Kommunionempfangs eine mystische Begegnung mit Christus. Sie selber beschreibt den Vorgang so:

> Jesus Christus gab *„mir die hl. Theresia, die hl. Gertrud und die hl. Katharina von Siena zu besonderen Vorbildern und zu Patroninnen und Begleiterinnen. Ich verliere mich jetzt in die Liebe und Barmherzigkeit meines Bräutigams wie das Tröpfchen Wasser im Ozean. Und wie das Meer alles überflutet, so füllt seine Liebe mein ganzes Sinnen und Denken aus. "*[69]

Christus selbst stellt uns die Heiligen als Begleiter an die Seite. Welch eine Bestätigung dessen, was wir mit dem Begriff „Heiligenverehrung" meinen. Interessant ist auch die Auswahl dieser Heiligen. Alle drei heiligen Frauen sind der Mystik zuzuordnen. Alle drei Frauen wurden vom Herrn gewürdigt, ihn in Visionen zu schauen, und wurden zu Bräuten Christi erwählt. Durch diese Auswahl macht der Herr selbst der seligen Maria deutlich, was im Kern ihre Berufung ist: Er erwählt sie zur Braut Christi.

Maria bezeichnete Katharina von Siena (1347–1380) sogar als ihre „Lieblingsheilige"[70]. Grund hierfür ist vor allem die Herz-Jesu-Mystik

---

[69] Ebd., S. 135.
[70] Ebd., S. 136.

dieser großen Frau. Von Katharina wird uns der so genannte „Herzenstausch" überliefert. Ihr Biograf, Raimund von Capua, hat uns ein Ereignis aus dem Leben der Mitpatronin Europas überliefert, das uns diese Mystik tief beeindruckend vermittelt: Der Herr erschien Katharina mit „einem leuchtend roten menschlichen Herzen in der Hand, öffnete ihre Brust, legte es dort hinein und sagte: ‚Liebste Tochter, so wie ich jüngst das Herz genommen habe, das du mir schenken wolltest, so schenke ich dir jetzt das Meinige; von jetzt an wird es den Platz einnehmen, an dem das Deinige war.'"[71] Diese Episode aus dem Leben der hl. Katharina von Siena war der Droste sicher bekannt. Genau diesen Weg wollte sie auch gehen. Sie wollte als Braut Christi ihr Herz mit dem des Erlösers tauschen. Das Herz Christi, dies war sicher ihre tiefste Sehnsucht, sollte auch in ihrer Brust schlagen. Papst Benedikt XVI. hat in einer Betrachtung über das Leben der hl. Katharina von Siena die Bedeutung des Herzenstausches auf *jeden* Christen bezogen: „Wie die Heilige aus Siena verspürt jeder Gläubige das Bedürfnis, sich die Empfindungen des Herzens Christi zu eigen zu machen, um Gott und den Nächsten so zu lieben, wie Christus liebt. Und wir alle können unser Herz verwandeln lassen und lernen, wie Christus zu lieben, in Vertrautheit mit ihm, die genährt wird vom Gebet, von der Betrachtung des Wortes Gottes und von den Sakramenten, vor allem durch den häufigen und ehrfürchtigen Empfang der heiligen Kommunion."[72] Dies ist ein wunderbarer Hinweis an uns alle! Nicht nur die Mystiker, nein, jeder Getaufte ist zum Herzenstausch mit Jesus berufen. Gebet, Betrachtung des Gotteswortes und der Kommu-

---

[71] *R. von Capua*, S. Caterina da Siena, Legenda maior, Nr. 115, zit. nach *Benedikt XVI.*, Heilige und Selige. Große Frauengestalten des Mittelalters, Illertissen 2011, S. 101.
[72] *Benedikt XVI.*, ebd.

nionempfang sind die Mittel, die uns die Kirche zur Verfügung stellt, um unser Herz von Jesus verwandeln zu lassen.

Einen besonderen Bezug hatte die Selige natürlich zu weiteren Heiligen, die ebenfalls besonders das Herz Jesu verehrten. Aus ihrer Ordenstradition ist der hl. Johannes Eudes besonders hervorzuheben, der mit seinen Reflexionen über das Herz Jesu das geistliche Leben der Seligen tief geprägt hat. Natürlich darf die hl. Maria Margaretha Alacoque, die große Visionärin des Herzens Jesu, bei dieser Aufzählung nicht fehlen. Diese Heiligen waren ihr Ansporn und Bestätigung für das, was sie seit Kindertagen in ihrem Herzen besonders stark empfunden hat: die Notwendigkeit, das Herz Jesu zu lieben und zu verehren.

Ihr vertrauensvoller Verkehr mit den Heiligen zeigte sich auch in ganz alltäglichen Vorgängen. So klebte sie in die Vorratskästen der Speisekammer des Klosters in Porto Bilder Mariens, des hl. Josef und der Hl. Familie. Den hl. Josef betrachtete sie als besonderen Hausverwalter des Klosters. Der Statue des Nährvaters im Sprechzimmer gab sie einen Bettelsack. Dieser füllte sich immer wieder. Hierin sah sie einen Beweis für den besonderen Schutz durch den heiligen Josef. Auch verehrte sie besonders den hl. Antonius von Padua. Da dieser ein gebürtiger Portugiese war, ist er Maria während ihrer Zeit in Porto zum Landsmann geworden. Bei ihm suchte sie besonders in den Anliegen der Arbeit und der Almosen für ihr Haus ihre Zuflucht.

Besondere Liebe pflegte sie vor allem zu den Heiligen, von denen sie eine Reliquie besaß. Hören wir hierzu die Droste selbst in einem Brief an einen Gönner, der ihr eine Reliquie übersandt hatte:

„Durch Vermehrung meiner Heiligtümer (Reliquien) erfreuten Sie mich unbeschreiblich. Jeder dieser geistlichen Schätze sollte der

Seele einen neuen Flug zum Himmel geben und sie immer mehr loslösen von den Schlacken des Irdischen. "[73]

Auch hier wird wieder ihre Unbekümmertheit und Freude an den Heiligen deutlich. Die Reliquien sind für sie Gnadenmittel, die ihr dabei behilflich sind, sich immer mehr auf Gottes Willen einzulassen. Auch in emotionaler Hinsicht sind die ihr geschenkten Reliquien ein tiefer Grund zur Freude. Viele Katholiken stehen heute diesem Aspekt der Heiligenverehrung eher mit Skepsis gegenüber. Die Gründe hierfür sind vielschichtig. Leider ist vielen das Wissen abhandengekommen, dass die Heiligen im wahrsten Sinne des Wortes „berührbar" sein wollen. Durch das heilige Gebein sind sie als Unterpfand des Himmels bis zum Tag der Wiederkunft Christi leiblich unter uns gegenwärtig. Letztlich ist die Reliquienverehrung eine Form des Anerkennens dieser Wirklichkeit. Zudem verweist sie uns auf die Menschwerdung Gottes in Christus. Auch Christus wollte berührbar werden. Dieses Wissen war unserer Seligen nicht fremd. Möge sie uns heute auch darin Vorbild sein, die Heiligen auch in den Reliquien wieder innig zu verehren.[74]

Letztlich zeigt sich heute diese Form der Frömmigkeit der Seligen Droste als „erwiesen", denn durch den ständigen Kontakt mit den Heiligen ist sie selbst eine geworden. „Sage mir, mit wem du gehst, und ich sage dir, wer du bist!" Dieses weise Sprichwort ist hier Wirklichkeit geworden: Der Umgang mit den Heiligen hat eine wunderschöne Frucht gebracht.

---

[73] *Chasle*, S. 173.
[74] Auch der *KKK* betont in Nr. 1674 nach wie vor die Sinnhaftigkeit der Reliquienverehrung als Ausdrucksweise der von der Kirche geschätzten Volksfrömmigkeit.

Liebe zur Kirche

Die Liebe zum Herzen Jesu treibt uns an, auch die Kirche zu lieben. Ist doch das Herz Jesu die Geburtsstätte der Sakramente und damit auch der Kirche. Sie ging „vor allem aus der Ganzhingabe Christi für unser Heil hervor, die in der Einsetzung der Eucharistie vorweggenommen und am Kreuz in die Tat umgesetzt wurde. Der Anfang und das Wachstum der Kirche werden zeichenhaft angedeutet durch Blut und Wasser, die aus der geöffneten Seite des gekreuzigten Christus heraustreten. Denn aus der Seite des am Kreuz entschlafenen Christus ist das wunderbare Sakrament der ganzen Kirche hervorgegangen. Wie Eva aus der Seite des schlafenden Adam geformt wurde, so ist die Kirche aus dem durchbohrten Herzen des am Kreuz gestorbenen Christus geboren.“[75] Solange die Kirche bei ihrem Ursprungsort, dem Herzen Jesu, bleibt, erfüllt sie seinen Willen. Entfernt sie sich jedoch von diesem Zentrum, wird ihre Bestimmung verdunkelt und sie kann keine Frucht bringen. Von diesen Zusammenhängen war Maria zutiefst überzeugt.

Den vom Herrn empfangenen Auftrag zur Weltweihe an das Herz Jesu beschreibt sie 1898 auch in dieser kirchlichen Dimension:

> *„Weihe der ganzen Welt an das Herz Jesu. Bischöfe und Priester werden eifriger werden, Sünder sich bekehren, Häretiker und Schismatiker zur Kirche zurückkehren. Auch die noch ungebornen Kinder, welche aber schon bestimmt sind, der Kirche anzugehören, d. h. die Heiden, werden rascher die Gnade erhalten. Sein Göttliches Herz hungert und dürstet. Es wünscht die ganze Welt in seiner Liebe und Barmherzigkeit zu umfangen. Ich muss diesen Hunger stillen, den Durst löschen, mit Hilfe meines geistlichen Vaters. Sobald als möglich nach Rom schreiben.“*[76]

---

[75] *KKK*, Nr. 766.
[76] *Chasle*, S. 205.

Die Herz-Jesu-Weihe bewirkt nach ihrer Auffassung die Reinigung des ganzen mystischen Leibes Christi. Erst hierdurch kann der „Blutkreislauf" der Kirche wieder richtig funktionieren, die Kirche wieder zu ihrer eigentlichen Bestimmung zurückfinden. Der ganze Leib Christi, vom Papst bis zum Laien, wird wieder mehr Glauben aufbringen. Die Herz-Jesu-Weihe hat für Maria eine tiefe Veränderung der Kirche zur Folge. Selbst die von der katholischen Kirche getrennten Christen können dadurch wieder zur vollen Einheit gelangen. Schließlich fasst sie den Mut, das sichtbare Haupt der Christenheit, den Papst, von dieser Notwendigkeit in Kenntnis zu setzen. Dies tat sie aus Liebe zur Kirche und im Gehorsam gegenüber Jesus Christus, dem Herrn der Kirche.

Maria wusste von den verschiedenen Gefährdungslagen der Kirche. Schon in den Tagen ihrer Kindheit und Jugend musste sie während der Kulturkampfzeit und deren Nachwehen leidvoll erfahren, wie schlimm es ist, wenn die Kirche in der Erfüllung ihres Auftrags durch äußeren Zwang gehindert wird. Sie empfand eine tiefe Liebe zu den Amtsträgern der Kirche, insbesondere zu Papst und Bischof. Als Oberin betete sie während der Anbetungsstunden vor dem Allerheiligsten immer für den Papst, die Bischöfe, die Priester und um guten Priesternachwuchs. Auch hier sah sie sich ganz im Dienst der Kirche, die sie immer als ihre Mutter anerkannt hat. Für Maria gehören Christus und Kirche untrennbar zusammen.

Ausblick

Wir haben gesehen, dass wir es bei der seligen Maria Droste zu Vischering mit einer großen Mystikerin zu tun haben, die ihr ganzes Leben in der Liebe zum Herzen Jesu gelebt hat. Diese Liebe drängte sie, alles, selbst ihre Heimat, hinter sich zu lassen und in ein für sie fernes und fremdes Land zu gehen, in welchem sie mit ihrem praktischen Dienst am Menschen verdeutlicht hat, dass Gott barmherzig ist. Der Bischof von Münster, Dr. Felix Genn, brachte beim Jubiläumsgottesdienst zum 150. Geburtstag der seligen Maria Droste im Jahr 2013 ihre Lebensbilanz wie folgt auf den Punkt: „Diese Frau hat das, was Gott uns geschenkt hat, ganz tief betrachtet. Sie hatte eine ganz tiefe innere Schau von der wunderbaren Kraft des göttlichen Herzens, so sehr, dass sie das auch sehen konnte. Das ist nicht jedem gegeben. Aber sie hat kein Aufhebens darum gemacht, sondern wurde gerade aus dem inneren Gebet hoch aktiv, sozial tätig. Das ist typisch Christ: Aus dem inneren Beten ins äußere Tun kommen – das bildet eine Einheit. Sie kam aus westfälischem Adel. Das ist schon was. Aber für sie war der Name noch größer, den sie als Ordensfrau bekam: Schwester Maria vom Göttlichen Herzen, vom Lösepreis für alle Menschen. Das war ihr eigentlicher Adelstitel."[77]

Von der Liebe dieses Herzens ergriffen, stellte sie ihr Leben ganz in den Dienst der Universalkirche, ja in den Dienst der Öffnung der ganzen Welt auf Gott hin. Mit großem Mut gelang es ihr – trotz vieler Widerstände –, den Papst dazu zu bewegen, die Welt dem Herzen

---

[77] Zit. als URL http://www.bistum-muenster.de/downloads/Genn2013/Darfeld_Maria_Droste_Vischering_220913.pdf.

des Erlösers zu weihen. Bis heute zeigen sich in der Feier der Herz-Jesu-Freitage die Früchte dieser Weltweihe an das Herz Jesu. Nach Gertrud von Helfta, die zu Recht den Beinamen „die Große" trägt, haben wir es bei der seligen Maria zum zweiten Mal auf deutschem Boden mit einer Frau zu tun, die erwählt worden ist, die Liebe des Erlöserherzens eindrucksvoll zu verkünden.

Wir können Gott nur dankbar sein, dass er immer wieder Menschen auf außerordentliche Weise dazu beruft, das Geheimnis seiner Barmherzigkeit kundzutun. Maria lädt uns ein, immer wieder im Herzen Jesu Zuflucht zu nehmen und aus dieser Zuwendung selber für andere Menschen ein Ort der Herzlichkeit zu werden. „Bilde unser Herz nach deinem Herzen!" Dieser Gebetsruf war ihr tägliches Credo. Aus diesem Bekenntnis lebte sie, verzehrte sie sich in der Hinwendung gerade zu den Menschen, die der Herzlosigkeit dieser Welt ausgesetzt waren. Maria sah in der Weltweihe an das Herz Jesu die Möglichkeit, die Welt „herzlicher" zu machen. Durch die Herzensbildung des Herzens Jesu kann jeder Mensch selbst ein Liebender werden. Durch die Begegnung mit dem Herzen Jesu kann diese Welt erst menschlich werden, da durch dieses geöffnete Herz die Welt erst die Erlösung von aller Schuld und Sünde empfangen hat. Genau hierin liegt die tiefe Bedeutung ihres Apostolates. Sie wollte den Blick der Welt auf das geöffnete Herz des Erlösers richten.

Die Bischöfe Portugals haben diese Bedeutung der seligen Maria Droste „für die ganze Welt"[78] erkannt und bitten nun einhellig den

---

[78] So für den gesamten portugiesischen Episkopat der Bischof von Porto, *Msgr. Manuel Clemente*, in seinem Gesuch an die Heiligsprechungskongregation in Rom, zit. nach

Heiligen Stuhl, die Heiligsprechung der Seligen zu prüfen und möglichst bald vorzunehmen! In diese Petition kann meines Erachtens auch unsererseits nur eingestimmt werden. Mögen wir bald in der Allerheiligenlitanei den Ruf erheben dürfen: „Heilige Maria vom Göttlichen Herzen! – Bitte für uns!"

dem Zeitungsbericht in der *Münsterschen Zeitung* vom 28.02.2013; siehe auch den Bericht in den *Westfälischen Nachrichten* vom 27.02.2013.

Novene zur Schwester Maria vom Göttlichen Herzen

Das Gebet spielte im Leben der seligen Maria Droste zu Vischering eine zentrale Rolle. Darum soll dieses Büchlein mit einem Angebot zum vertrauensvollen Gebet zur seligen Maria in der Form der Novene schließen. Die Novene (von lat. novem = „neun") ist eine Gebetsform, bei der an neun aufeinanderfolgenden Tagen bestimmte Gebete verrichtet werden, die aus einem gleichbleibenden und einem täglich wechselnden Teil bestehen, um von Gott besondere Gnadengaben zu erflehen. Der Ursprung dieser Gebetsform liegt in der Pfingstnovene, dem neuntägigen Gebet um den Heiligen Geist, wie es die Apostel und die Jünger Jesu mit Maria nach der Himmelfahrt Jesu im Abendmahlssaal praktizierten. Sie geht auf den Bericht in Apg 1,12–14 zurück, nach dem die ersten Christen nach der Himmelfahrt Christi zurückgezogen im Gebet lebten, bis am Pfingsttag der Heilige Geist über sie kam. In dieser Novene werden jeweils Aspekte des Lebens der seligen Maria aufgegriffen. So erhält man die Gelegenheit, auch betend ihren Lebensweg zu betrachten.

Erster Tag: Unter dem Schutz der Gottesmutter

Im Namen des Vaters und des Sohnes und des Heiligen Geistes. **Amen.**

Wir hören auf Gottes Wort: „Fürchte dich nicht Maria; denn du hast bei Gott Gnade gefunden. Du wirst ein Kind empfangen, einen Sohn wirst du gebären: dem sollst du den Namen Jesus geben. Er wird groß sein und Sohn des Höchsten genannt werden" (Lk 1,30–32).

Wir schauen auf das Leben der seligen Maria: Maria wurde am Geburtsfest der Gottesmutter geboren. Von ihren Eltern erhielt sie den Namen der allerseligsten Jungfrau auch als Taufnamen. In der Ordenszeit durfte sie diesen Namen behalten. In ihrer Kindheit ist sie immer wieder zu den Gnadenorten der Gottesmutter nach Eggerode und Telgte gepilgert. Der Maimonat war ihr eine besondere Freude, da diese Zeit ganz der Mutter Jesu geweiht war. Während ihres ganzen Lebens hat sie auf die Fürsprache der Mutter Gottes vertraut, gerade auch in den schweren Stunden ihres Lebens. Wie Maria stand auch unsere Selige geduldig unter dem Kreuz und harrte aus.

Wir beten: Guter Gott, Du selber hast uns durch Jesus Maria als Mutter gegeben. Wir danken Dir dafür. Wir bitten Dich: Lass auch uns, wie die selige Maria Droste, immer tiefer auf die Erwählung der Gottesmutter schauen und uns ihr ganz anvertrauen. – Selige Maria Droste, erbitte uns beim Herrn eine tiefe Liebe zur Gottesmutter und trage unsere Not (hier kann das Anliegen der Novene eingefügt werden) auch ihr vor. Amen.

Vater unser – Ave Maria – Ehre sei dem Vater

Zweiter Tag: Vater und Mutter ehren

Im Namen des Vaters und des Sohnes und des Heiligen Geistes. Amen.

Wir hören auf Gottes Wort: „Ehre deinen Vater und deine Mutter, wie es dir der Herr, dein Gott, zur Pflicht gemacht hat, damit du lange lebst und es dir gut geht in dem Land, das der Herr, dein Gott, dir gibt" (Dtn 5,16).

Wir schauen auf das Leben der seligen Maria: Maria liebte ihre Eltern sehr. Vor allem dankte sie ihnen die Erziehung im katholischen Glauben. Zeitlebens – trotz der durch das Ordensleben bedingten Trennung – blieb sie ein ausgesprochener Familienmensch. Den Wert der Familie hat sie immer sehr geschätzt. Sie selber durfte für viele verstoßene Kinder und Jugendliche eine Mutter werden. Dadurch hat sie vielen Menschen Liebe schenken können, die diese sonst nie erfahren hätten.

Wir beten: Guter Gott, Du willst, dass wir uns in der Familie achten und respektvoll begegnen. Heute sind viele Familien in großer Not. Viele Ehen zerbrechen, viele Kinder wachsen in ungeordneten Verhältnissen auf und leiden sehr darunter. Erwecke in unserer Gesellschaft wieder einen neuen Respekt für den Wert der Familie. – Selige Maria Droste, erbitte uns beim Herrn eine neue Ehrfurcht vor der christlichen Ehe und Familie und trage unsere Not (hier kann das Anliegen der Novene eingefügt werden) auch der Heiligen Familie vor. Amen.

Vater unser – Ave Maria – Ehre sei dem Vater

Dritter Tag: Dem Herzen Jesu singe

Im Namen des Vaters und des Sohnes und des Heiligen Geistes. Amen.

Wir hören auf Gottes Wort: „Mein Herz wendet sich gegen mich, mein Mitleid lodert auf. Ich will meinen glühenden Zorn nicht vollstrecken und Efraim nicht noch einmal vernichten. Denn ich bin Gott, nicht ein Mensch, der Heilige in deiner Mitte. Darum komme ich nicht in der Hitze des Zorns" (Hos 11,8–9).

Wir schauen auf das Leben der seligen Maria: Maria hat dem Herzen Jesu ihr ganzes Leben geweiht. Sie war ergriffen von der Barmherzigkeit Gottes, der in Jesus den Menschen sein Herz geöffnet hat. Diese Liebe hat sie erfahren, ja so sehr, dass sie als Braut des göttlichen Herzens leben durfte. Diese Liebe hat sie vor allem an die Menschen weitergegeben, die von der Gesellschaft verachtet wurden. Es war ihr egal, was die anderen Menschen von ihr dachten. Sie wollte einfach nur die Liebe, die sie durch Gottes Zuwendung erfahren durfte, weiterschenken. Diese Liebe ging so weit, dass sie sogar den Papst dazu gewinnen konnte, die ganze Welt dem Herzen Jesu zu weihen.

Wir beten: Guter Gott, Du bist ein Gott, der uns in Jesus sein Herz geöffnet hat. Durch dieses geöffnete Herz hast Du der Kirche die Sakramente geschenkt. Gib uns die Gnade, immer mehr das Herz Jesu zu ehren. Wir bitten Dich: Lass auch uns, wie die selige Maria Droste, immer tiefer auf die Barmherzigkeit Gottes vertrauen. – Selige Maria Droste, erbitte uns beim Herrn eine tiefe Liebe zum Herzen Jesu und trage unsere Not (hier kann das Anliegen der Novene eingefügt werden) IHM vor. Amen.

Vater unser – Ave Maria – Ehre sei dem Vater

Vierter Tag: Gott in seinem Wort begegnen

Im Namen des Vaters und des Sohnes und des Heiligen Geistes. Amen.

Wir hören auf Gottes Wort: „Denn lebendig ist das Wort Gottes, kraftvoll und schärfer als jedes zweischneidige Schwert; es dringt durch bis zur Scheidung von Seele und Geist, von Gelenk und Mark; es richtet über die Regungen und Gedanken und Herzen; vor ihm bleibt kein Geschöpf verborgen, sondern alles liegt nackt und bloß vor den Augen dessen, dem wir Rechenschaft schulden" (Hebr 4,12–13).

Wir schauen auf das Leben der seligen Maria: Maria lebte aus dem Wort Gottes. Sie wendete alle Mühen auf, um Gottes Wort aus der Muttersprache der Kirche, dem Lateinischen, zu übersetzen. Hierdurch vertiefte sie ihre Kenntnisse über die göttliche Offenbarung. Sie blieb hier aber nicht stehen, sondern sah sich gefordert, dieses

Wort auch in die Tat umzusetzen. In jedem Heiligen wird gleichsam das Wort neu Fleisch, so auch im Leben der seligen Maria.

Wir beten: Guter Gott, Du selber hast uns Dein heiliges Wort geschenkt. In Christus ist Dein Wort Fleisch geworden. Gib uns immer wieder die nötige Ruhe, Dein Wort zu hören und es zu befolgen. Dein Wort soll unsere Richtschnur sein. – Selige Maria Droste, erbitte uns beim Herrn ein offenes Ohr für das Wort Gottes und trage unsere Not (hier kann das Anliegen der Novene eingefügt werden) vor das fleischgewordene Wort des Vaters, unseren Herrn Jesus Christus. Amen.

Vater unser – Ave Maria – Ehre sei dem Vater

Fünfter Tag: Den Nächsten lieben wie sich selbst

Im Namen des Vaters und des Sohnes und des Heiligen Geistes. Amen.

Wir hören auf Gottes Wort: „Du sollst deinen Nächsten lieben wie dich selbst. Ich bin der Herr" (Lev 19,18).

Wir schauen auf das Leben der seligen Maria: Maria hat sich dieses Wort der Heiligen Schrift sehr zu Herzen genommen. Sie wollte bereits als Jugendliche die Armen und Kranken in ihrer Gemeinde trösten. Später in ihrem Ordensleben galt ihre größte Sorge den schwierigen Kindern und Jugendlichen. Hier hatte sie überhaupt keine Berührungsängste. Mit ihrer zupackenden und engagierten Art stand sie dem Nächsten stets mit Rat und Tat zur Seite. Von ihr können wir lernen, was es heißt, den Nächsten zu lieben.

Wir beten: Guter Gott, Du bist unser Herr und willst, dass wir Dich und den Nächsten lieben. Oft wissen wir nicht, wie wir dieses Gebot erfüllen können und sind lieblos. Mache uns erfinderisch in der Liebe zu unserem Nächsten. Gib uns ein Gespür für die Not der Menschen, die uns umgeben. – Selige Maria Droste, erbitte uns beim Herrn eine neue Bereitschaft, das Gebot der Nächstenliebe im Alltag zu befolgen, und trage unsere Not (hier kann das Anliegen der Novene eingefügt werden) vor Christus, der uns bis zuletzt geliebt hat. Amen.

Vater unser – Ave Maria – Ehre sei dem Vater

Sechster Tag: Dem Verlorenen nachgehen

Im Namen des Vaters und des Sohnes und des Heiligen Geistes. Amen.

Wir hören auf Gottes Wort: „Wenn einer von euch hundert Schafe hat und eines davon verliert, lässt er dann nicht die neunundneunzig in der Steppe zurück und geht dem verlorenen nach, bis er es findet? Und wenn er es gefunden hat, nimmt er es voll Freude auf die Schultern, und wenn er nach Hause kommt, ruft er seine Freunde und Nachbarn zusammen und sagt zu ihnen: Freut euch mit mir; ich habe mein Schaf wiedergefunden, das verloren war. Ich sage euch: Ebenso wird im Himmel mehr Freude herrschen über einen einzigen Sünder, der umkehrt, als über neunundneunzig Gerechte, die es nicht nötig haben umzukehren" (Lk 15,4–7).

Wir schauen auf das Leben der seligen Maria: Maria hat dieses Gleichnis als Programm ihrer apostolischen Tätigkeit gesehen. Sie ist denen nachgegangen, über die andere nur noch ihre Nase gerümpft haben. Hierfür war sie sich trotz ihrer adeligen Herkunft nicht zu schade. Ganz im Gegenteil: Sie wusste, dass der Herr selbst diesen Weg gegangen ist. Immer wieder machte sie sich auf, um gefährdete junge Menschen, insbesondere von der Prostitution bedrohte junge Frauen, wieder auf den rechten Weg zu bringen.

Wir beten: Guter Gott, Du selber hast uns durch Jesus gezeigt, dass Du jedem Sünder nachgehen willst und ihn zur Bekehrung aufforderst. Auch wir gehen oft die falschen Wege. Wir bitten Dich dann um die Einsicht, wieder auf den Weg der Tugend zurückzukehren. Mache uns auch fähig, denen nachzugehen, die verloren gegangen sind. Lass uns Wege zu diesen Menschen finden. – Selige Maria Droste, erbitte uns beim Herrn die Fähigkeit, uns immer wieder zu bekehren und denen nachzugehen, die vom rechten Weg abgekommen sind. Trage unsere Not (hier kann das Anliegen der Novene eingefügt werden) vor den guten Hirten, der dem verlorenen Schaf nachgeht. Amen.

Vater unser – Ave Maria – Ehre sei dem Vater

Siebter Tag: Die Kirche lieben

Im Namen des Vaters und des Sohnes und des Heiligen Geistes. Amen.

Wir hören auf Gottes Wort: „Du bist Petrus, und auf diesen Felsen werde ich meine Kirche bauen, und die Mächte der Unterwelt werden sie nicht überwältigen" (Mt 16,18).

Wir schauen auf das Leben der seligen Maria: Maria hat die Kirche in ihrer konkreten Gestalt immer geliebt. Besondere Liebe empfand sie gegenüber dem Statthalter Christi auf Erden, dem Papst. Diesem hat sie sich offen mit ihren innersten Erlebnissen anvertraut. Schließlich hat der Papst ihrer Bitte entsprochen und auf ihre Anregung hin die ganze Welt dem Herzen Jesu geweiht. Maria zeigt durch ihr Leben eindrucksvoll, was wahre Liebe zur Kirche ist.

Wir beten: Guter Gott, Du selbst hast Deine Kirche auf das Fundament des Petrus gegründet. Heute beten wir besonders für unseren Heiligen Vater. Gib ihm immer wieder ein offenes Ohr für Menschen, die von Jesus besondere Gnaden empfangen haben. Stärke ihn in seinem schweren Dienst. – Selige Maria Droste, erbitte uns beim Herrn eine tiefe Liebe zur Kirche und trage unsere Not (hier kann das Anliegen der Novene eingefügt werden) auch dem ersten Papst, dem Hl. Petrus, vor. Amen.

Vater unser – Ave Maria – Ehre sei dem Vater

Achter Tag: Das Leid ertragen

Im Namen des Vaters und des Sohnes und des Heiligen Geistes. Amen.

Wir hören auf Gottes Wort: „Wer mein Jünger sein will, der verleugne sich selbst und nehme sein Kreuz auf sich und folge mir nach. Denn wer sein Leben retten will, wird es verlieren; wer aber sein Leben um meinetwillen verliert, wird es gewinnen" (Mt 16,24–25).

Wir schauen auf das Leben der seligen Maria: Maria hatte während ihres ganzen Lebens Anteil an der Passion Jesu. Sie hat ihre Leiden, die physischen und die psychischen, bereitwillig angenommen und dem Herrn zur Bekehrung der Sünder aufgeopfert. Trotz schlimmster Schmerzen in den letzten Jahren ihres Lebens hat sie ihre Freundlichkeit und Sorge gegenüber den ihr anvertrauten Menschen nie verloren. Sie hat tapfer ihr Kreuz getragen.

Wir beten: Guter Gott, wir haben große Angst vor dem Leiden. Wir wissen oft gar nicht, wohin mit unseren Sorgen. Gib uns die Kraft, die Kreuze unseres Lebens in büßender Gesinnung annehmen zu können. Lass uns dann in der dankbaren Gesinnung leben, Deinem Sohn nach Golgota folgen zu dürfen. – Selige Maria Droste, erbitte uns beim Herrn eine tiefe Liebe zur Passion Christi und die Bereitschaft, unser Leid anzunehmen. Trage unsere Not (hier kann das Anliegen der Novene eingefügt werden) vor den Schmerzensmann auf Golgota. Amen.

Vater unser – Ave Maria – Ehre sei dem Vater

Neunter Tag: Sterben in der Hoffnung auf ein ewiges Leben

Im Namen des Vaters und des Sohnes und des Heiligen Geistes. Amen.

Wir hören auf Gottes Wort: „Sind wir nun mit Christus gestorben, so glauben wir, dass wir auch mit ihm leben werden. Wir wissen, dass Christus, von den Toten auferweckt, nicht mehr stirbt; der Tod hat keine Macht mehr über ihn" (Röm 6,8–9).

Wir schauen auf das Leben der seligen Maria: Maria lebte ganz in der Hoffnung auf Ostern. Für sie war der Satz aus dem Credo: „Ich glaube an die Auferstehung des Fleisches" nicht nur ein dahergesagtes Wort, sondern der Kern ihrer Hoffnung. In dieser Hoffnung konnte sie ihren Kreuzweg gehen. Mit dem Ziel, auf ewig mit dem himmlischen Bräutigam vereint zu sein, lebte sie jeden Tag ihres heiligen Lebens.

Wir beten: Guter Gott, Du selbst hast uns durch Jesus die Tür zum himmlischen Jerusalem aufgetan. Wir danken Dir dafür. Gib uns die feste Hoffnung, dass wir einst durch Deine Gnade bei Jesus Christus sein dürfen und Dich mit dem Heiligen Geist in der Gemeinschaft aller Heiligen preisen dürfen. – Selige Maria Droste, erbitte uns beim Herrn eine tiefe Hoffnung auf das ewige Leben und trage unsere Not (hier kann das Anliegen der Novene eingefügt werden) vor den auferstandenen Herrn. Amen.

Vater unser – Ave Maria – Ehre sei dem Vater

Zur zweiten Auflage:

Es fügt sich gut, dass die zweite Auflage dieser Schrift im außerordentlichen Heiligen Jahr 2016, dem Jahr der Barmherzigkeit, erscheint. Gerade die Herz-Jesu-Verehrung ist ein ganz wesentlicher Zugang, die Barmherzigkeit des Vaters, der uns in Jesus sein Angesicht gezeigt hat, für unser geistliches Leben erfahrbar werden zu lassen.

Wir alle können unserem Heiligen Vater, Papst Franziskus, nur dankbar sein, dass er seit dem Beginn seines Pontifikates im Jahr 2013 nicht müde wird, der Kirche eindrucksvoll Zeugnis von der Barmherzigkeit Gottes abzulegen. In dieses Zeugnis möchte ich mit meiner erneut aufgelegten Betrachtung des Lebens und der Frömmigkeit der seligen Maria Droste zu Vischering einstimmen. Mögen alle Leserinnen und Leser am Beispiel dieser großen Herz-Jesu-Mystikerin erkennen, wie groß die Gnade dessen ist, „der Gott ist und am Herzen des Vaters ruht" (Joh 1,18). Er allein hat Kunde von dem gebracht, der die Barmherzigkeit selber ist, vom guten Vater im Himmel. Möge die Gottesmutter Maria, die wir im „Salve Regina" als „Mutter der Barmherzigkeit" seit Jahrhunderten mit Vertrauen anrufen, uns mit ihrer Fürbitte auf diesem Weg der Erkenntnis begleiten.

Nottuln, am Hochfest der Erscheinung des Herrn 2016
Markus Büning